SINFONIA SONHO

Diogo Liberano

SINFONIA SONHO

TEATRO
INOMINÁVEL \\

Cobogó

SUMÁRIO

Apresentação, por Eleonora Fabião   7

SINFONIA SONHO   11

Dramatorgia, por Diogo Liberano   95

Dez anos de Teatro Inominável   117

Apresentação

Sinfonia Sonho começa como projeto de formatura do Diogo Liberano em Direção Teatral na UFRJ. Como professora do curso, tive o prazer de orientar a montagem baseada numa premissa que chamamos de "honestidade radical". *Sinfonia Sonho* começa como obra de um coletivo de artistas interessados em articular formação, teatro e cidade: formação em teatro na cidade do Rio de Janeiro; formação da cidade através de práticas teatrais; Rio de Janeiro, cidadania e teatro como processos co-constitutivos de formação, des-formação e re--formação permanentes. Um trabalho onde prática e teoria, academia e criação, arte e política mostram-se indissociáveis.

Especificamente sobre o processo de criação da *Sinfonia Sonho* te digo que frequentemente pensávamos na peça como uma escultura. Conversávamos sobre tipos de materialidade distintos interagindo, sobre como potencializá-los uns por meio dos outros. As palavras: massa material e imaterial, imagética e gramática, som e sentido. O jogo dos atores: objetivo e subjetivo, virtual e atual, unidade aberta. As coisas em jogo: cadeiras, balões, roupas, o X de piso verde no chão, os recortes de luz, as volumetrias. A política (macro, micro e celular): o dia a dia daquele grupo e o pensamento sobre teatro de grupo, a busca por modos de pertencimento ativo, crítico, criativo e o interesse numa discussão específica sobre a cidade onde se vive.

Com o correr das semanas, formou-se um sistema de relações em movimento, sistema este estruturado por meio de um gráfico rítmico detalhado: os entrecruzamentos das velocidades todas. Sempre interessaram os encontros, os desencontros, as vizinhanças, as repulsas, as misturas entre todos os tipos de corpos que formavam a cena – sons, conceitos, sete cadeiras, palavra, ar, cabelos, braço do Márcio, abraço do Kevin, cão, chão, aperto, amor, verde, medo, ela e as costas dele, a presença do balão ausente, o olho solto no espaço, um olho rolando na grama do jardim. Mas foi durante a estreia da peça na Escola de Comunicação da UFRJ, sentada junto com uma porção de gente na plateia, que enxerguei realmente do que se tratava a *Sinfonia Sonho*: era teatro. Teatro: este algo que torna visível a indissociabilidade dos corpos. Teatro: a transformação de posições políticas e visões estéticas em atos estético-políticos. Uma peça de teatro: o que acontece quando um grupo de gente e matérias sonha uma sinfonia junto.

Eleonora Fabião

SINFONIA SONHO

de **Diogo Liberano**

Sinfonia Sonho é a quarta criação do Teatro Inominável. Estreou em 18 de novembro de 2011, na XI Mostra de Teatro da UFRJ, da Universidade Federal do Rio de Janeiro (UFRJ), como espetáculo de formatura de Diogo Liberano na graduação em Artes Cênicas: Direção Teatral.

Direção e dramaturgia
Diogo Liberano

Orientação de direção
Eleonora Fabião

Assistência de direção
Thaís Barros

Atuação
Adassa Martins (Célia), Andrêas Gatto (Corley), Carolline Helena (Joana Bravo), Dan Marins (Franklin), Flávia Naves (Carolina Wellerson), Gunnar Borges (Tomas), Laura Nielsen (Moira), Márcio Machado (Kevin) e Virgínia Maria (Eva)

Cenário
Leandro Ribeiro

Orientação de cenário
Ronald Teixeira

Figurino e visagismo
Isadhora Müller e Marina Dalgalarrondo

Orientação de figurino
Desirée Bastos

Iluminação
Carolina Calcavecchia, Davi Palmeira e Thaís Barros

Orientação de iluminação
José Henrique Moreira

Direção musical
Philippe Baptiste

Direção de movimento
Carolline Helena

Preparação vocal
Verônica Machado

Fotografias e registro audiovisual
Thaís Grechi

Design gráfico
Diogo Liberano

Produção
Gunnar Borges

Direção de produção
Diogo Liberano

Realização
Teatro Inominável e Universidade Federal do Rio de Janeiro
(UFRJ)

PERSONAGENS

CÉLIA [Adassa Martins] Filha de Eva e Franklin, irmã de Kevin. Tem 7 anos de idade e aos 6, durante um jantar, teve um olho perfurado pelo irmão. Desde então, usa um tapa-olho.

CORLEY [Andrêas Gatto] Esposo de Moira e novo vizinho da família de Eva e Franklin. Apesar de destruído com o desaparecimento de Tomas, seu filho, permanece com os pés no chão, oscilando entre aceitar os fatos e apaziguar os ânimos de sua esposa.

EVA [Virgínia Maria] Esposa de Franklin, mãe de Kevin e Célia. Recém-nomeada diretora de uma escola municipal, Eva acredita estar vivendo um dos momentos mais felizes de sua vida, exigindo que sua família a acompanhe em sua guinada.

FRANKLIN [Dan Marins] Esposo de Eva, pai de Kevin e Célia. Se muda com a família em virtude da promoção da esposa. Sofre o fato de seu pai ter sido comido por um câncer e, aos poucos, é tomado pelo desejo de retorno à antiga cidade.

KEVIN [Márcio Machado] Filho de Eva e Franklin, irmão de Célia. Tem 9 anos e, por conta da peça teatral que começa a ensaiar em sua nova escola, decide virar música. Obstinado em sua busca, aos poucos percebe que alguns impossíveis têm plena condição de se tornar reais.

MOIRA [Laura Nielsen] Esposa de Corley e nova vizinha da família de Eva e Franklin. Após o desaparecimento de Tomas, seu filho, se convence de que está grávida. Sua insistência em tal mentira enerva-se ao limite máximo no encontro com os novos vizinhos.

TOMAS [Gunnar Borges] Filho de Corley e Moira. Tinha 7 anos quando, durante os preparativos para seu aniversário, acabou subindo aos céus levado por balões. O corpo de Tomas é encontrado uma semana depois que os novos vizinhos chegam a sua nova casa, explodindo a realidade dentro da qual as duas famílias tentavam se equilibrar.

Primeiro Ato

FESTA CÉLIA

Noite de domingo. Célia, Eva, Franklin e Kevin dentro do carro. Todos usam um tapa-olho.

CÉLIA: E eles já montaram a minha cama mãe?

EVA: Não, filha. Eles só transportaram os móveis.

CÉLIA: Tudo bem o Kevin monta.

EVA: Você já perguntou isso a ele?

CÉLIA: Não precisa ele adora montar coisas.

EVA: Ah, é, Kev?

Kevin faz que sim com a cabeça.

EVA: O seu irmão vai ter uma semana muito atarefada, sabia?

CÉLIA: Já tem tarefa de casa?

EVA: Ainda não. Mas vai ter, não vai?

CÉLIA: Se a nova escola for tão boa como a nossa amanhã já vai ter prova.

KEVIN: Ainda não tem prova. É o início do novo semestre.

CÉLIA: O que é semestre?

Kevin olha para Célia, desafiando-a.

CÉLIA: É ser mestre ou é sem mestre tem alguma coisa a ver com mestre não?

KEVIN: Não sei.

CÉLIA: Sabe sim.

Kevin faz que não com a cabeça.

CÉLIA: Fala Kev.

Kevin fecha os olhos.

CÉLIA: Fala Kevin hoje é meu aniversário você tem que falar.

KEVIN: Semestre quer dizer seis meses.

CÉLIA: Seis meses do ano?

KEVIN: Semestre.

CÉLIA: Por que você nunca me disse isso?

KEVIN: Você nunca perguntou.

CÉLIA: Espertinho.

Eva dá uma freada brusca. Franklin acorda.

FRANKLIN: Cuidado!

EVA: Tá tudo bem.

FRANKLIN: Cuidado!

EVA: Tá tudo bem.

FRANKLIN: Quer que eu leve um pouco?

EVA: Você tá cansado.

FRANKLIN: Você também. Deixa que eu levo.

EVA: Já estamos chegando.

KEVIN: Por que tá tudo escuro?

CÉLIA: Mãe você vai me dar uma festa surpresa?

EVA: Não, meu amor.

CÉLIA: Pai você vai me dar uma festa surpresa?

FRANKLIN: Não, filha. Hoje nós só vamos chegar e descansar.

CÉLIA: Mas hoje é meu aniversário!

EVA: Célia, não começa!

KEVIN: Aposto que eles tão fazendo racionamento de energia.

CÉLIA: É uma festa surpresa Kev!

KEVIN: Não é.

CÉLIA: É sim.

KEVIN:	Não é.
CÉLIA:	É sim.
KEVIN:	Não é.
CÉLIA:	Mãe diz pro Kev que é por causa da minha festa.
EVA:	Kev, deixa a sua irmã sossegada.
KEVIN:	É uma festa surpresa, Célia.
CÉLIA:	Eu sabia.

Quebra-molas.

EVA:	Amanhã a mamãe acorda cedo\
CÉLIA:	E o pai Frank leva eu e Kev pra escola.
EVA:	Nos vemos em casa na hora do jantar\
CÉLIA:	Pra eu contar tudo que teve no meu primeiro dia de aula.
KEVIN:	Não é o primeiro dia.
CÉLIA:	É sim.
KEVIN:	Não é.
CÉLIA:	É sim.
KEVIN:	Não é.
CÉLIA:	Hoje é meu aniversário Kev.

Kevin resmunga silencioso, ameaçando tirar o tapa-olho.

CÉLIA: Mãe o Kev bem tá querendo tirar o enfeitinho da festa.

EVA: Já estamos chegando, Kev.

KEVIN: Eu tô cansado, pai.

FRANKLIN: Estamos mesmo chegando?

EVA: Sim. Além do mais, vocês dois foram muito fortes. Vieram a viagem inteira sem dar trabalho. No final de semana, vamos ao Zoológico.

FRANKLIN: Uhul.

CÉLIA: Tem elefante?

EVA: Deve ter.

KEVIN: Tem dinossauro?

EVA: Você sabe que não.

CÉLIA: Claro que sabe ele tava brincando dinossauro não mora em cidade mãe.

KEVIN: Isso não parece bem uma cidade.

CÉLIA: Tá escuro porque é uma festa pra mim.

KEVIN: Mãe, fala pra Célia que não é uma festa pra ela. Obrigado!

CÉLIA: Eu sei tá é por causa do racionamento de energia.

KEVIN: Quem te falou?

CÉLIA: Eu li.

KEVIN: Onde?

CÉLIA: Pai Frank me contou.

KEVIN: Pai?

CÉLIA: Pai!

EVA: Frank?

Quebra-molas. Franklin acorda.

FRANKLIN: Cuidado, Eva!

CÉLIA: É verdade pai?

FRANKLIN: Cuidado!

CÉLIA: Pai a Célia te fez uma pergunta.

FRANKLIN: Fala, meu amor.

CÉLIA: Não é verdade que a cidade tá fazendo raciocínio de energia?

KEVIN: Não é raciocínio.

CÉLIA: É sim.

KEVIN: Não é.

CÉLIA: É sim.

KEVIN: Tá tudo escuro pra sua festa surpresa.

EVA: Kevin!

KEVIN: O quê?!

FRANKLIN: Aqui é realmente bem escuro.

CÉLIA: Eu não quero morar no escuro.

KEVIN: Bem-vinda ao clube.

EVA: Kevin!!

KEVIN: Certo, pai?

FRANKLIN: Chegamos, filho.

EVA: Eu vou parar o carro por aqui.

FRANKLIN: Na rua?

EVA: Ainda não consertaram o nosso portão.

FRANKLIN: Mais uma coisa a resolver.

EVA: Fico satisfeita que você se dedique a esses pequenos ajustes.

Eva gira a maçaneta. Entram. Olham para dentro, exceto Kevin, detido com algo lá fora.

CÉLIA: Que mansão.

EVA: Filha, a mamãe vai tirar o enfeitinho pra achar o interruptor, ok?

CÉLIA: Não tem luz de festa?

EVA: Filha, hoje não tem festa.

CÉLIA: Mentira.

EVA: Não é mentira. A mamãe já explicou.

CÉLIA: É mentira não é pai Frank?

FRANKLIN: O que foi que combinamos? Vamos comemorar o seu aniversário no próximo domingo, com os novos amigos da sua nova escola aqui na nossa nova casa. Por isso a mamãe falou que teremos uma semana muito atarefada. Temos que conhecer este casarão, tirar a poeira, instalar as lâmpadas, limpar os banheiros, encher a piscina...

CÉLIA: Não pode ser hoje?

FRANKLIN: Impossível.

CÉLIA: Dá azar cantar parabéns depois do aniversário.

FRANKLIN: Isso é bobeira.

CÉLIA: Não é foi a Poliana que me falou pai eu tô com saudade da Poliana.

FRANKLIN: A gente canta parabéns pra você antes de você dormir, certo?

CÉLIA: Eu quero com bolo vela docinho e com a Poliana!

FRANKLIN: Então não é melhor você esperar pela sua festa, domingo que vem?

CÉLIA: Mas o meu aniversário é hoje!

FRANKLIN: Filha, chega. Tivemos uma viagem longa e cansativa, vamos achar o banheiro, escovar os dentinhos, mudar o curativo. Cadê seus remédios?

CÉLIA: Tão aqui.

FRANKLIN: Amanhã você tem aula cedo, colégio novo, um monte de coisa nova.

CÉLIA: Tá bom pai você venceu.

FRANKLIN: Então vem com o papai.

CÉLIA: Cadê a mamãe?

FRANKLIN: Tá procurando o interruptor da sala.

CÉLIA: Você canta parabéns pra você pra mim mas sem falar parabéns?

FRANKLIN: Claro que sim. Claro que sim.

CÉLIA: Então pode tirar o enfeitinho pai eu deixo.

Franklin tira seu tapa-olho e pega Célia em seu colo. Seguem, no escuro, para o banheiro.

KEVIN: Mãe?

EVA: Eu tô aqui.

KEVIN: Não vai ter festa pra Célia?

EVA: Você sabe que não.

KEVIN: Devíamos ter feito uma festa surpresa.

EVA: Filho, viajamos o dia inteiro. Você não tá cansado?

KEVIN: E se colocássemos uma música, de surpresa?

EVA: Está tarde.

KEVIN: Eu tenho CDs na mochila. A Célia gosta de todos eles. Eu sei.

EVA: Está tarde. E, além do mais, o aparelho de som tá embalado em uma dessas caixas. E mesmo que a gente quisesse usar o som do carro, ele quebrou, você se lembra?

Kevin emudece.

EVA: O que foi?

KEVIN: Fui eu.

EVA: Ah, foi?

KEVIN: Foi.

EVA: Que bom que você contou.

KEVIN: Desculpa.

EVA: Não tem problema. Eu mando consertar.

KEVIN: A Célia vai ter um ano terrível se a gente não cantar parabéns, mãe.

EVA: Não diga isso.

KEVIN: É verdade.

EVA: Bobeira.

KEVIN: Ai, você sempre acha que algumas coisas não têm importância. Mas depois são sempre elas que eu nunca mais consigo esquecer.

EVA: Isso porque você é um rapaz muito atento.

KEVIN: Posso tirar o enfeitinho?

EVA: Podemos.

Os dois tiram seus tapa-olhos.

KEVIN: Deve ser ruim ter um olho só.

EVA: Há coisas piores nesse mundo.

KEVIN: É ruim do mesmo jeito.

EVA: Será que assim acharemos o interruptor da sala?

KEVIN: Não sei, mas é melhor trancar a porta antes. Eu vi alguém lá fora.

EVA: Não começa, Kev.

KEVIN: Juro que vi. Antes de entrar aqui dentro. A vizinha, eu acho. Ela tava em cima do telhado. Olhava pro céu. Nem viu a gente chegar.

OS VIZINHOS

Manhã de segunda. Franklin acorda com um espasmo de seu próprio corpo. Ergue-se da cama, procura pela esposa, pelos filhos, mas está só. Acende um cigarro e fuma, pensando que a temperatura do pai já deve estar fria o suficiente para ele começar a apodrecer. Nebuloso, vaga pela nova casa e estaca ante a porta que leva ao quintal.

Moira e Corley se encontram no centro da sala de estar da casa deles.

CORLEY: Você não dormiu, meu amor?

MOIRA: Você ouviu alguma coisa?

CORLEY: Não. E você? Viu qualquer coisa?

MOIRA: Não.

CORLEY: O que eu posso te fazer ou te dizer, pra aliviar um pouco tudo isso?

MOIRA: Só não diga não.

CORLEY: Por quê?

MOIRA: Eu tô grávida, meu amor.

CORLEY: Não!

MOIRA: Eu disse a você que não dissesse não.

CORLEY: Não dessa forma, por favor.

MOIRA: Não dessa forma?!

CORLEY: Não, Moira. Dessa forma não.

MOIRA: Não?!

CORLEY:	Escuta. Nós vamos encontrar\
MOIRA:	Não minta pra mim!
CORLEY:	Nós vamos achar uma maneira\
MOIRA:	Você ouviu o que eu acabei de dizer?
CORLEY:	Não é verdade.
MOIRA:	Eu tô grávida!
CORLEY:	Você tá mentindo.
MOIRA:	Não me chame de mentirosa.
CORLEY:	Então não minta pra mim.
MOIRA:	Por que você não tá feliz? Era pra você tá feliz! Por que não?
CORLEY:	Porque você não está.
MOIRA:	Vem aqui. Você sente isso aqui? Você sente? É um coração, meu amor. É pequeno, ainda, mas tá vivo. É o nosso filho que tá chegando. Pra ocupar os espaços vazios dessa casa imensa. É ele que tá chegando pra dar sentido à mobília do quarto, ao guarda-roupa, a tantos brinquedos já comprados.
CORLEY:	Moira, você precisa descansar\
MOIRA:	Eu não vou descansar enquanto ele não chegar. Você não entende? Que eu vivo por conta disso, por conta desse bichinho que nós dois fizemos juntos? Eu te amo, Corley.

Moira engole Corley num beijo. Ele dela se retira, exaurido.

CORLEY: Me desculpa. Meu amor, me desculpa. Eu tô feliz, é claro que eu tô. Mas é que me assusta, a felicidade me assusta um pouco. Mas tudo isso é nosso e eu quero cuidar do que é nosso, eu quero cuidar de você. Agora quem cuida de você sou eu, Moira. Afinal de contas, a mais nova mãe do pedaço precisa descansar.

Moira adormece no abraço de Corley.

Já no quintal, Franklin lança ao chão seu cigarro e o esmaga com um pé. Corley surge, nublado.

FRANKLIN: Perdão.

CORLEY: Prazer.

FRANKLIN: Eu não costumo fazer isso.

CORLEY: Fumar escondido?

FRANKLIN: Jogar cigarros no chão.

CORLEY: O quintal é seu.

FRANKLIN: É seu também.

CORLEY: Fique à vontade.

FRANKLIN: Obrigado.

CORLEY: Prazer.

FRANKLIN: Prazer.

CORLEY: Corley.

FRANKLIN: Frank.

CORLEY: Frank de Franklin?

FRANKLIN: Exato. Corley de quê?

CORLEY: De Corley mesmo. "C", "O", "R", "L", "E", "Y". Meus pais até hoje não souberam me explicar o porquê desse nome.

FRANKLIN: Um dia eles vão te explicar.

CORLEY: Eles já morreram.

FRANKLIN: Meus pêsames.

CORLEY: E os seus?

FRANKLIN: Também.

CORLEY: Então você já tem cabelo branco?

FRANKLIN: Alguns. E você?

CORLEY: A cada minuto, mais um fio.

FRANKLIN: Estamos ficando velhos.

CORLEY: Mas pior que ficar velho, já dizia a mamãe, é perder um filho.

FRANKLIN: Ela tem toda a razão.

CORLEY: Sempre teve.

FRANKLIN: Você tem filhos?

CORLEY: Você tem?

FRANKLIN: Uma garota e um moleque. Um pior que o outro.

CORLEY: Tenho um só. Eu tenho um só.

FRANKLIN: E tá na escola?

CORLEY: Não.

FRANKLIN: Na universidade?

CORLEY: Nada.

FRANKLIN: Não vai me dizer que já tá casado?

CORLEY: Não, não. Tá na barriga ainda.

FRANKLIN: Poxa. Que delícia. Em breve, nossos filhos vão brincar juntos.

CORLEY: Se tudo der certo, já já eles vão tá correndo por esse gramado.

FRANKLIN: Mas dá trabalho, viu?

CORLEY: Você trabalha por aqui?

FRANKLIN: Na verdade, eu tô meio que de férias.

CORLEY: Mas veio pra ficar?

FRANKLIN: Sim. Viemos pra ficar. Minha esposa foi promovida.

CORLEY: Pra cá?!

FRANKLIN: Pois é. Eva agora é diretora da escola municipal, que fica logo ali.

CORLEY: Pra lá, você quer dizer.

FRANKLIN: É pra cá, não?

CORLEY: Não. A escola mais perto daqui é mais pra lá.

FRANKLIN: Bom, eu mal cheguei e já desisti de entender esta cidade.

CORLEY: Mas tem excelentes escolas.

FRANKLIN: É o que a Eva diz, a minha esposa.

A campainha toca. As crianças chegam com suas mochilas.

Franklin vai recebê-las.

CÉLIA: Onde o senhor estava?

FRANKLIN: Conversando com o vizinho. Ele vai ter um filho, sabia?

CÉLIA: É menino ou menina?

FRANKLIN: Não sei.

CÉLIA: Pergunta.

FRANKLIN: Ele convidou vocês pra brincar na casa dele no fim de semana.

CÉLIA: Ele tem brinquedo?

FRANKLIN: Parece que sim.

CÉLIA: Mas não tem criança?

FRANKLIN: Ainda não.

CÉLIA: Duvido.

FRANKLIN: Filho?!

CÉLIA: Fala baixo pai o Kev tá com dor de cabeça.

FRANKLIN: É mesmo, Kev?

CÉLIA: Fica pensando demais é isso que dá.

KEVIN: Fica quieta, Célia.

FRANKLIN: Peraí, rapaz. O que foi?

KEVIN: A Célia tá muito chata hoje, pai.

CÉLIA: E o Kev tá chateado porque a peça de teatro que ele tá fazendo na escola nova é pior do que a peça de teatro que ele tava fazendo na nossa escola antiga e porque a minha peça de teatro que eu tô fazendo na nossa escola nova é mil vezes melhor do que a peça de teatro que eu tava fazendo na nossa escola antiga.

KEVIN: Cala a boca, Célia.

FRANKLIN: Kevin!

KEVIN: Pai, eu não quero falar com a Célia ouvindo.

CÉLIA: Só porque a minha peça de teatro é melhor.

KEVIN: Você vai interpretar um pé de maracujá!

CÉLIA: Na outra peça eu era uma nuvem e ela nem falava.

KEVIN: Pé de maracujá também não fala, Célia.

CÉLIA: Pai fala pro Kev que pé de maracujá fala sim.

FRANKLIN: Fala, Kevin.

CÉLIA: Viu? Viu? Viu?

FRANKLIN: Célia, fica bonitinha. Conta pro papai como é a sua peça.

KEVIN: É difícil, pai. Eu não sei se eu vou conseguir.

FRANKLIN: Então vamos ensaiar. Ainda temos tempo, não temos?

EVA: "Mamãe não vem para o jantar. Comam sem mim".

FRANKLIN: Podemos fazer um lanche. Que tal?

CÉLIA: Uhul vou fazer vitamina.

FRANKLIN: E você, Kev, quer o quê?

KEVIN: Sossego. Posso comer no meu quarto?

FRANKLIN: Só se amanhã você me contar tudo sobre a sua peça. Combinado?

KEVIN: Combinado.

Kevin, em seu quarto, ouve Célia conversando com o liquidificador. Acende um abajur.

KEVIN: Como eu faço pra ser isso? Como faz pra ser alguma coisa diferente do que eu sou? Primeiro eu pergunto. Pra chegar mais perto do problema. Mas é um problema? Existe um problema? Eu sou o Kevin. Eu tenho 9 anos. Eu vou atuar na peça mais legal de toda a minha vida. A minha cabeça tá doendo de tanto que eu penso. A Célia tem razão. Mas será que a minha mãe vai me aplaudir? Será que um dia eu não vou mais precisar fazer perguntas pra chegar aonde eu quero? Eu queria sonhar com aquilo que eu quero. Como faz pra escolher o sonho? Eu só queria sonhar com aquilo que eu desejo. Eu só queria sonhar com aquilo que eu desejo.

Dorme em frente ao abajur. Sorrindo.

O PRONUNCIAMENTO

Manhã de terça. Célia se aproxima vagarosa de Kevin e desliga o abajur. Ele acorda.

CÉLIA: Bom dia vaga-lume que dormiu de luz acesa.

KEVIN: Bom dia, chatonilda.

CÉLIA: Eu acho que eu acordei menos chata que ontem.

KEVIN: Isso é uma ótima notícia.

CÉLIA: Eu acho que ontem eu ainda não tinha feito 7 anos às vezes demora pro aniversário funcionar você sabia?

KEVIN: Às vezes ele nem funciona, sabia?

CÉLIA: É?!

KEVIN: É.

CÉLIA: O meu tá funcionando eu já tô mais tranquila desde ontem à noite.

KEVIN: Que bom.

CÉLIA: Você não acha que eu tô mais tranquila desde ontem à noite?

KEVIN: Ontem você não tava.

CÉLIA: Eu estava emocionada.

KEVIN: Com o quê?

CÉLIA: Com umas coisas da escola nova.

KEVIN: Eu vou prestar atenção em você hoje, tá?

CÉLIA: Depois você me conta se eu cresci?

KEVIN: Conto.

CÉLIA: Então vem tomar café Kev seu Nescau tá na mesa.

Franklin acorda dando um pontapé no ar. Eva, de pé, se assusta.

EVA: O que foi isso, meu Deus?

FRANKLIN: Não sei.

EVA: Se eu estivesse deitada a seu lado, eu teria sido acordada com um chute?

FRANKLIN: Não. Porque agora você acorda mais cedo que todo mundo nessa casa.

EVA: Ontem nós tomamos café sem você.

FRANKLIN: Eu percebi. Acordei e a casa tava vazia.

EVA: E como foi seu dia?

FRANKLIN: Você chegou tarde demais, Eva.

EVA: Aquela escola está um caos.

FRANKLIN: Você não vai pôr ordem em tudo logo na primeira semana.

EVA: Mas não custa tentar, não é mesmo?

FRANKLIN: Meus músculos tão tensionados.

EVA: Você precisa se exercitar.

FRANKLIN: Onde estão as crianças?

EVA: Célia foi acordar Kevin.

FRANKLIN: Eu preciso trabalhar, isso sim.

EVA: E eu preciso que você descanse. Você passou por semanas extremamente cansativas. Descansa. Esvazia a cabeça. Se renova.

FRANKLIN: Eu acho que ter a mente vazia não tá me descansando.

EVA: Você tá sendo cabeça-dura, Frank. Eu chego, inclusive, a desconfiar que você não acredita que eu possa ser capaz de cuidar das nossas coisas.

FRANKLIN: Não é você, Eva. Sou eu. Eu é que não consigo ficar parado.

EVA: Então aprende. Você é esperto, não é? Eu estive a seu lado e só eu sei quanto você sofreu com essa história toda. Eu não vou admitir que você volte a se trancar dentro de um hospital ou de uma clínica qualquer pra cuidar de gente que tá mais morta do que viva.

FRANKLIN: É esse o meu trabalho, quer você goste, quer não.

EVA: Sinto falta de seus beijos.

FRANKLIN: Quantos você quer?

EVA: Ao menos cinco.

Beijam-se. Cinco vezes. Ouvem o liquidificador e disparam para a cozinha. Encontram Célia rindo e Kevin bebendo algo no próprio copo do liquidificador.

CÉLIA: O Kevin pôs aquelas vitaminas fedidas junto com o leite bateu tudo e tomou sem fazer cara feia.

EVA: Já disse que não quero vocês brincando com o liquidificador.

CÉLIA: Ih ontem eu brinquei.

EVA: Frank, o que foi que eu te pedi?

FRANKLIN: Que eu fizesse a janta?

EVA: E que não deixasse as crianças brincando na cozinha.

CÉLIA: O papai não fez janta mas a gente jantou lanche né pai?

FRANKLIN: Exatamente.

EVA: Escovou os dentes, Célia?

CÉLIA: Ontem?

EVA: Sem graça.

CÉLIA: Com fio dentário.

EVA: Kevin comeu alguma coisa ou só tomou vitamina?

KEVIN: Bom dia, mãe.

EVA: Bom dia, meu amor, comeu alguma coisa?

KEVIN: Só tomei a vitamina.

EVA: Então coma alguma coisa.

KEVIN: Não precisa.

EVA: Desde quando?

KEVIN: Desde ontem.

EVA: O que foi que aconteceu nesta casa que eu não tô sabendo?

KEVIN:	Eu queria te contar uma coisa.
CÉLIA:	O Kev quebrou o som do carro.
KEVIN:	Não é isso.
EVA:	O que foi?
KEVIN:	Mãe, eu quero ser música.

Silêncio brusco. Célia abre a boca. Chocada.

EVA:	Como assim, Kevin?
KEVIN:	Eu quero ser música.
EVA:	De onde você tirou isso?
KEVIN:	Tudo bem pra você?
EVA:	Que história é essa?
KEVIN:	Não é uma história.
EVA:	É o quê, então?
KEVIN:	Não é brincadeira.
EVA:	Mas parece.
KEVIN:	Mas não é.
EVA:	Então repete.
KEVIN:	Eu quero virar música.
EVA:	Não tem como.
KEVIN:	Tem sim.
EVA:	Isso é uma metáfora. Você já tá dando metáfora na escola?

KEVIN:	Não é uma metáfora.
EVA:	É sim.
KEVIN:	Não é.
EVA:	É sim, meu filho.
KEVIN:	Não é!
EVA:	Se chama metáfora.
KEVIN:	Não é! Não é! Eu já disse que não é!
EVA:	Você acha que tá falando com quem, hein, mocinho? Chega desse assunto. Não posso chegar atrasada.
CÉLIA:	O que é mertáfora?
EVA:	Pro carro, Célia.
FRANKLIN:	Eva.
EVA:	Essas crianças tão impossíveis.
CÉLIA:	Por que você tá gritando comigo mãe?
KEVIN:	Porque você fez sete anos, mas continua se comportando como se tivesse seis.
CÉLIA:	É verdade?
KEVIN:	Se você chorar, eu vou ter certeza disso.

Célia emudece, chorosa.

FRANKLIN:	Quando você voltar, a gente conversa sobre isso. Certo?
KEVIN:	Obrigado, pai. Eu não sei o que seria de mim sem você.

EVA: Pro carro, Kevin! É mole?!

CÉLIA: Mãe quantos anos eu tenho mãe?

EVA: Cinco segundos pra entrar no carro, Célia!

Ouvem gritos vindos da casa ao lado.

FRANKLIN: Os vizinhos estão comemorando desde ontem. Eles vão ter um filho.

EVA: Que ótimo. Diga que os convidei pra um jantar no fim de semana.

FRANKLIN: Bom dia, meus amores.

Eva sai com as crianças. Franklin reencontra seu maço de cigarros. Acende um e fuma, desimpedido, no centro da sala de estar.

FRANKLIN: O tempo passando. O corpo morrendo. Por que será que as perguntas também parecem estar no fim?

Cerra os olhos. Neblina na sala. Corley bate na porta. Franklin o recebe.

CORLEY: Voltei.

FRANKLIN: Quer entrar?

CORLEY: Obrigado.

FRANKLIN: Como estão as coisas?

CORLEY: Bom dia.

FRANKLIN: Bom dia.

CORLEY: Que coisas?

FRANKLIN: Não sei. Qualquer coisa. Como você tá?

CORLEY: Eu tô mal. Muito mal.

FRANKLIN: Você perdeu alguém?

CORLEY: Você perdeu?

FRANKLIN: Sim. Eu perdi. Meu pai. Ele faleceu tem quase duas semanas. Eu perdi meu pai, parceiro. Eu tô tentando ficar bem, mas é só as crianças irem pra escola que dá vontade de me abandonar, sabe? Ficar mal. Deixar a dor doer, sabe?

CORLEY: Seu pai.

FRANKLIN: Isso. E você? Também perdeu alguém?

Moira grita.

MOIRA: Corley!

CORLEY: Eu preciso ir.

Dentro da sala de estar de sua casa.

MOIRA: Está crescendo muito mais rápido que o normal.

Corley se aproxima de Moira, tentando tocar sua barriga, completamente perplexo.

MOIRA: Não toque. Sua mão tá suja. E eu tô muito sensível. Eu não sei explicar. Senti muita dor durante toda a noite, mas agora eu tô bem. Como pode? Como pode o nosso filho ser tão veloz?

CORLEY: Meu amor... Nós precisamos ir a um médico.

MOIRA: Aconteceu alguma coisa?

CORLEY: Sim, Moira.

MOIRA: Quero ter o nosso filho assim como nasci. Em casa. De parto normal.

CORLEY: Não seja boba.

MOIRA: Não quero médico.

CORLEY: Moira\

MOIRA: Não me toque. Eu já disse, está sensível. Ele tá crescendo. É só isso. Ele tá vindo, a passos largos, e eu sinto como se já pudesse nascer amanhã.

CORLEY: Isso não é real.

MOIRA: E você tá cego, por acaso? Agora vai fingir que não tem nada acontecendo? Você quer me enganar dizendo que isso aqui dentro de mim não é nada? Que não é nosso? Que não é responsabilidade sua nem minha? É isso, Corley? Você não quer assumir o nosso filho?

CORLEY: Não existe filho algum. Olha pra mim. Eu te amo tanto. A gente recomeça, meu amor. Mas você precisa se ajudar, você precisa sair dessa casa. Eu te levo. Vamos passear. Vamos ao hospital. Eu assumo a culpa. Eu assumo, desde que você se permita ser medicada.

MOIRA: Eu não posso com remédios, eu tô grávida.

CORLEY: Moira, por favor.

MOIRA: E vai nascer em alguns dias. É um menino, amor.

CORLEY: Olha pra mim. Moira, olha pra mim.

MOIRA: É menino. Eu sinto, eu sei. E vai se chamar Tomas.

CORLEY: Chega! É mentira! Acabou!

MOIRA: É um menino! E vai se chamar Tomas!

CORLEY: Você tá sonhando!

MOIRA: E sonho tem carne, tem? Tem esse cheiro de criança que impregna o ar da nossa casa faz dias? O nosso filho vai nascer, meu amor. E isso não é delírio, é só o que eu tenho!

Corley beija Moira no auge de seu desespero. Ela desfalece em seus braços.

Segundo Ato

SINFONIA SONHO

Tarde de quarta.

FRANKLIN: As crianças já não deveriam ter voltado da escola?

EVA: Estão na aula de teatro.

FRANKLIN: Isso quer dizer que temos mais quantos minutos?

EVA: Tempo suficiente para preparar o jantar.

FRANKLIN: Jantar?!

EVA: Eu preciso fazer um agradecimento a vocês e pensei num jantar.

FRANKLIN: Tudo menos *fondue*.

EVA: Tinha pensado nisso.

FRANKLIN: Nem pensar.

EVA: Por que não?

FRANKLIN: Eva...

EVA: Por que não dar uma chance às crianças? Elas estão crescendo e já entenderam que as coisas se modificam, assim como elas\

FRANKLIN: Não faz nem um ano desde que o Kevin\

EVA: Não diga dessa forma.

FRANKLIN: Certo. Então, não faz nem um ano desde que a Célia enfiou o próprio olho no espeto de *fondue* que o irmão dela usava inocentemente\

EVA: Não diga dessa forma, Frank!

FRANKLIN: Então pare de tratar nossos filhos como se eles não fossem crianças. Eles são. E criança é um bicho que não dá pra confiar, você sabe disso.

EVA: Mesmo assim eu gostaria muitíssimo de oferecer um jantar aos meus filhos por eles estarem sendo tão parceiros da mãe deles num momento tão especial da minha vida. Mas não se preocupe porque não usaremos garfo nem faca para não correr o risco de nossa selvagem prole se fatiar antes mesmo da sobremesa.

FRANKLIN: Não exagera.

Eva se retira da sala, resmungando. Franklin, no centro da sala de estar, resmunga.

FRANKLIN: Por que não uma pizza ou lasanha ou algo assim? Eu não gosto de *fondue*. Eu não gosto... dessa casa. Não gosto dessa cidade. Eu não gosto de ter que gostar do que eu não gosto. Pronto. Falei.

Célia e Kevin voltam caminhando da escola. É fim de tarde, as ruas estão vazias de gente, mas repletas de cachorros abandonados.

CÉLIA: Meu Deus como aqui tem cachorro.

KEVIN: Tem mais cachorro que gente.

CÉLIA: Deve ser porque vai ter uma revolução dos bichos.

KEVIN: Por que você diz essas coisas?

CÉLIA: Porque eu posso.

KEVIN: Como foi sua aula de teatro?

CÉLIA: Não foi aula foi ensaio.

KEVIN: E como foi?

CÉLIA: Vou ter que ensaiar em casa porque tá muito difícil ser um vegetal.

KEVIN: Você vai se sair bem.

CÉLIA: A professora falou que eu sou muito agitada e que eu tenho que neutralizar porque maracujá é mais tranquilo que uma pessoa entende?

KEVIN: Ahã.

Kevin faz que sim com a cabeça.

CÉLIA: E a sua peça?

KEVIN: Não quero falar.

CÉLIA: Você vai ser uma estrela do rock?

Kevin faz que não com a cabeça.

CÉLIA: Mas você vai ser um cantor famoso né?

KEVIN: Não, Célia.

CÉLIA: Eu queria ter um irmão famoso.

KEVIN: Troca de família.

CÉLIA: Impossível.

KEVIN: Não é.

CÉLIA: É sim.

KEVIN: Não é.

CÉLIA: É sim.

KEVIN: Chegamos.

Moira surge. Cabelos desgrenhados. Traz no olhar um brilho há dias adormecido.

MOIRA: Faz dias que eu escuto essa mesma conversinha e eu confesso que eu já não via a hora de conhecer essa duplinha. Bem-vindos à cidade e, claro, bem-vindos ao nosso bairro, porque agora somos vizinhos e vizinho, como vocês já sabem, é a família que mora ao lado.

As crianças permanecem estáticas.

MOIRA: E olha que legal! Daqui a pouco vocês vão ter um irmãozinho pra brincar.

Célia mira a barriga de Moira enquanto Kevin mira seus olhos.

CÉLIA: É menino?

MOIRA: Se chama Tomas.

CÉLIA: Que pena até ele aprender a falar eu já vou ser grande.

MOIRA: Quantos anos você tem?

CÉLIA: Já tenho 7.

MOIRA: Você é novinha.

CÉLIA: Nem tanto pra brincar com bebês.

MOIRA: E você, rapazinho? Gosta de bebês?

KEVIN: Eles que não gostam de mim.

MOIRA: Até parece! Vocês querem visitar a minha casa?

CÉLIA: Tem brinquedo?

MOIRA: Muitos.

CÉLIA: E não tem filho?

MOIRA: Tem. Tá chegando.

CÉLIA: Estranho isso.

MOIRA: Não é.

CÉLIA: É sim.

MOIRA: Não é.

CÉLIA: É sim.

MOIRA: Não é.

CÉLIA: É sim.

MOIRA: E esse enfeitinho que você tem no olho é o quê?

CÉLIA: Um tapa-olho que eu uso desde os 6 porque o Kevin furou meu olho com o espetinho do *fondue* mas já tá tudo bem porque ele prometeu pra minha mãe que foi de sem querer e ela acreditou nele.

KEVIN: Não precisa explicar, Célia.

CÉLIA: Até poderia ser enfeitinho porque fim de semana foi meu aniversário e meu pai mãe e Kev se fantasiaram com enfeitinho de festa tipo esse.

MOIRA: Pra sua festa?

CÉLIA: Não teve festa porque 7 anos a gente para de ter aquelas festas porque 7 anos é uma idade muito especial demais pra ter festa.

KEVIN: Boa noite. Nós precisamos entrar.

Moira segura as crianças pelo braço.

MOIRA: Mas eu nem me apresentei a vocês\

Corley grita para a esposa, correndo em sua direção.

CORLEY: Moira!

Célia e Kevin retiram seus braços das mãos de Moira e miram Corley.

CORLEY: O que você tá fazendo?

MOIRA: O que foi, Corley?

Célia ri.

CORLEY: Olá, crianças. Eu sou o Corley. [*para Moira*] Vamos pra casa.

MOIRA: Eu estava me apresentando aos novos vizinhos.

KEVIN: Foi um prazer. Boa noite, Moira.

CORLEY: Boa noite, rapaz.

CÉLIA: Boa noite. Foi um prazer, Corley.

CORLEY: Boa noite, mocinha.

As crianças entram. Corley e Moira restam desamparados.

MOIRA: Educados, limpos e inteligentes.

CORLEY: Vamos entrar.

MOIRA: Ela ficou curiosa com nosso filho. Disse que vai brincar com ele assim que ele chegar. Célia, o nome dela. Ela vai fazer par com nosso Tomas.

CORLEY: Vamos entrar. Eu fiz um jantar pra você.

MOIRA: Só pra mim?

CORLEY: É. Pra você.

MOIRA: Só?

CORLEY: E pra mim.

MOIRA: Só?

CORLEY: Só.

MOIRA: Só?!

CORLEY: Vamos entrar?

MOIRA: E Tomas?

CORLEY: Não existe mais.

MOIRA: Repete, Corley!

CORLEY: Eu fiz um jantar pra você.

MOIRA: Só pra mim?

CORLEY: É. Pra você.

MOIRA: Só?

CORLEY: E pra mim.

MOIRA: Só?

CORLEY: Só.

MOIRA: Só?!

CORLEY: Vamos entrar?

MOIRA: E Tomas?

CORLEY: Não existe mais. O nosso filho... Morreu, meu amor.

Moira parte furiosa para dentro de sua casa. Corley a segue. Eva faz o seu discurso aos filhos e ao marido, todos em volta da mesa de jantar.

EVA: Então eu gostaria de pedir desculpas a vocês pela correria dos últimos dias, mas eu também gostaria de agradecer – a vocês – por estarem sendo tão parceiros da mamãe num momento pra lá de especial. Como vocês sabem, mamãe agora é diretora de uma grande escola, vocês já viram, é realmente uma grande escola. E exige muito trabalho pra colocar aquilo tudo em ordem. E só mesmo contando com um time de craques como vocês é que a mamãe está conseguindo dar conta de tudo isso. Muito obrigada.

Silêncio ao redor da mesa. Kevin pigarreia.

KEVIN: Mãe, a correria desses últimos dias inclui a manhã de ontem?

EVA: Sim, meu filho.

KEVIN: Então eu preciso te dizer que eu não te desculpo.

EVA: Como é, Kevin?

KEVIN: Eu não te desculpo pelo que você falou ontem no café da manhã.

EVA: E o que foi que eu disse ontem?

KEVIN: Você não lembra?

EVA: Não.

KEVIN: Alguém aqui lembra?

CÉLIA: O Kevin disse que queria ser música e você gritou com a gente, mãe.

EVA: Ah, foi isso?

KEVIN: Não só isso. Você não só gritou, como também não quis ouvir o que eu tinha pra te dizer. Isso me fez pensar, desde ontem, que quando o assunto não te interessa, mãe, você simplesmente dá um jeito de acabar com ele o quanto antes.

FRANKLIN: Kevin.

EVA: O que é isso?!

KEVIN: Você pode, ao menos, me ouvir?

EVA: Eu tô te ouvindo, mas será que você sabe o que você tá dizendo?

KEVIN: Eu tô dizendo, mãe, que eu preciso aprender a virar música pra peça que a minha turma tá fazendo na escola. Eu tô dizendo que eu te disse isso e você, sem nem ouvir, já disse ser impossível. Eu tô dizendo que isso não é uma metáfora e mesmo assim você teima em dizer que é, como se eu não tivesse condições de entender o que é uma metáfora.

CÉLIA: O que é uma metáfora?

EVA: Kevin, meu filho, escuta. Eu já tinha entendido tudo isso. Eu ouvi o que você disse ontem. É tudo por causa da sua peça na escola, eu entendi, mas eu preciso que você entenda que tudo isso é só uma peça de teatro. Por exemplo, amanhã o seu pai e eu vamos apresentar uma cena no colégio, que faz parte das comemorações do início do novo semestre que eu estou organizando. Você sabe como é a nossa cena?

KEVIN: Não faço ideia.

EVA: Conta pra ele, Frank.

FRANKLIN: Um homem é atropelado por uma mulher de *bike* e eles viram amigos pra sempre.

EVA: Exato. Veja bem: a mamãe não precisou atropelar o papai de bicicleta pra que a gente pudesse fazer essa cena. Você me entende?

KEVIN: Entendo. Mas essa cena te fez pensar no que seria atropelar alguém de bicicleta, não fez?

EVA: Claro que sim. Claro que sim.

KEVIN: Eu tô pensando o que pode ser isso de virar música.

EVA: É uma metáfora, meu filho. É uma coisa que não existe, que é poesia. É uma imagem bonita essa história de um menino que quer virar música\

KEVIN: Não é essa a história da peça\

EVA: Que seja. É bonito de qualquer maneira porque é uma metáfora. E por isso não existe. Metáfora é uma coisa que existe no plano das ideias, dentro da nossa cabeça, nos seus sonhos, vocês me entendem?

KEVIN: Mãe, você precisa seriamente estudar um pouco mais sobre metáfora.

Kevin se levanta e sai apressado para seu quarto. Bate a porta e se tranca.

KEVIN: Como eu faço pra ser isso? Como faz pra ser alguma coisa diferente do que eu sou? Se eu interpreto um compositor na peça, não quer dizer que eu tenha que ser um compositor. Mas a questão é o se. E se eu souber o que é ser um compositor de verdade, como então será a minha interpretação? É isso. Como chegar mais perto daquilo que eu não sou? Como chegar perto daquilo que não se parece comigo? Será que se eu repetir várias vezes tudo isso eu vou conseguir sonhar com isso? Não é metáfora, é só como eu me sinto. Então como eu faço pra escolher o sonho? Mais uma vez, eu só queria sonhar com isso que eu desejo. Eu só queria sonhar com isso.

Kevin adormece.

Escuridão.

Barulho de fósforo. Kevin sobre uma cadeira. Mais velho e crescido. Na mão esquerda, um cigarro recém-aceso. Uma mulher se anuncia. Arrasta uma bengala-pedestal na ponta da qual um microfone oscila querendo cantar.

Um cachorro negro se aproxima. Ele caminha sobre duas pernas femininas e lê, ereto, um livro cujo nome não se compreende.

Um homem se aproxima, mas sua face não é nítida. Eva passa por Kevin. Ela corre. Franklin passa por Kevin. Ele corre. Mãe e pai se encontram num abraço doloroso. Duvidoso. Mais um trago.

Os pais se beijam e se escarram, se amam e se batem. Tudo em silêncio, porque a irmã canta uma canção suspeita.

O cachorro abandona o livro e escreve desenhos no ar com as duas mãos. Desenhos soltos. Kevin traga o cigarro. Mãe e pai se machucam na própria movimentação. Mas tudo sem som.

O moço sem face cala Eva com um dos pés. Sapato sobre a boca. Franklin ri. Franklin grita. Mas tudo sem som. Célia move as mãos sujas dentro do buraco de seu olho vazado. O cheiro de café toma conta do recinto. E tudo rimado. O quarto. A cova. O escarro. O cigarro engole Kevin e se apaga. Mas ele ainda dorme. Tranquilo.

É só um sonho.

MASSACRE LOCAL

Manhã de quinta. Kevin, sobre a cama, não sabe o que foi sonho e o que aconteceu realmente. Ouve o liquidificador, se lembra da discussão com a mãe, na noite anterior. Ele se ergue para mais um dia de aula.

Moira, no telhado, vê as crianças rumo à escola. Corley se aproxima, pisando em telhas.

CORLEY: Vamos descer.

MOIRA: As crianças estão indo pra escola.

CORLEY: Eu não vou pedir novamente. Vamos descer.

Corley dá a mão à esposa que, relutante, cede e vem até o centro da sala.

CORLEY: O que você quer que eu faça?

MOIRA: Traz ele de volta.

CORLEY: Impossível.

MOIRA: Vai buscar.

CORLEY: Impossível.

MOIRA: Traz ele de volta.

CORLEY: Impossível.

MOIRA: Vai buscar nosso filho!

CORLEY: Impossível.

MOIRA: O que você quer que eu faça?

CORLEY: Que espere!

MOIRA:	Esperar o quê?!
CORLEY:	Ele vai aparecer. Basta esperar. A qualquer momento ele volta. Morto, mas pra casa.
MOIRA:	Dói tanto, meu amor.
CORLEY:	Eu queria que você pudesse falar sempre assim comigo.
MOIRA:	E o que você quer que eu diga?
CORLEY:	Que você sabe que tá comigo e que a gente vai se arrumar de novo.
MOIRA:	Você tá mentindo.
CORLEY:	Não diga isso.
MOIRA:	Você quer me dopar, me trancar aqui dentro, eu sei, Corley, eu sinto.
CORLEY:	Eu quero que você se acalme. É só isso.
MOIRA:	Você mente.
CORLEY:	Você também.
MOIRA:	É a minha forma de ficar de pé.
CORLEY:	É a minha também.
MOIRA:	O nosso Tomas fez aniversário com as estrelas. Sem mãe, pai, sem vela nem parabéns. Não há nada pior do que isso que você fez.

Corley perde a fala, enquanto Moira o estapeia.

MOIRA:	Eu quero meu filho! Eu quero meu filho! Eu quero meu filho!

Corley, num brusco empurrão, lança Moira sobre os móveis.

CORLEY: Eu quero meu filho!

Moira resta caída sobre o chão da sala. Imóvel.

Franklin prepara um bolo para a festa de Célia. A campainha trepida. Célia e Kevin adentram o espaço da casa cobertos de sangue e quase despidos, já sem mochilas nem tino. Suas mãos clamam pelo pai. Franklin se aproxima, seco de pavor. Tenta limpar as duas faces, que choram palavras.

KEVIN: Ele falava vira de costas pra parede, vou matar vocês. Tinha medo dele me matar, mas nos meninos ele atirava apenas pra machucar. Ele queria matar apenas as meninas. Não queríamos morrer. Ele apontou pra mim e eu pedi pra ele não me matar e ele respondeu que eu podia ficar tranquilo, então apontou pra minha amiga e atirou. Um tiro na cabeça. Eu vi, pai. Ele atirou pra matar. Não há dúvida. As crianças foram encurraladas e executadas. Ele entrou dizendo que ia dar uma palestra, pra semana de abertura do novo semestre. Quando ele entrou na nossa sala, a gente tava esperando o professor chegar, ele entrou e pediu pra gente fechar os olhos e levantar as mãos, disse que começaria

CÉLIA: A gente tava assistindo aula quando, de repente, começou o barulho e um homem armado entrou na nossa sala. Nos meninos ele só atirava pra machucar. Muitos foram atingidos nos braços e nas pernas. Mas nas meninas ele atirava na cabeça. Nos primeiros tiros, a professora achou que era bombinha. Só que foi ficando mais alto e a professora pediu pra gente se abaixar, foi quando ele entrou e atirou na professora e depois nas meninas. Ele foi passando de uma sala a outra. Quando a professora pediu pra gente abaixar, eu saí correndo e me escondi embaixo da mesa dela, o barulho era muito alto, eu tive vontade de chorar. Quando ele entrou, ele não me viu, mas eu vi a professora cair no uma palestra, pai. Um monte de gente gritava não atira em mim, por favor, não me mata, mas morreu mesmo assim. A escada parecia uma cachoeira de sangue. Saí correndo porque fiquei com medo de ele decidir me matar. Eu queria encontrar a Célia. As crianças gritavam muito, eu fiquei nervoso. Ele tava feroz e não tinha ninguém pra impedir. Pensei que eu fosse morrer. Minha vida toda passou na minha cabeça durante os dez minutos de tiros. A mamãe ficou chateada comigo ontem. Tinha muito sangue nas paredes, pessoas mortas. Vi amigos mortos, pai. O Igor. O Igor. O Igor morreu, o Rafael morreu, a Milena e a Bianca morreram, a Samira morreu e a Ana Carolina também morreu, pai. Eu saí correndo pra procurar a Célia e encontrei ela chorando embaixo da mesa da professora. Tudo passou tão rápido. Como pode em tão pouco tempo acontecer tudo isso, pai?

chão e o sangue dela escorreu e sujou minha roupa. Ele não parou de atirar. Eu ouvi a voz dele. Ele foi escolhendo quem ia morrer, pai. Ele dizia. Ele dizia você vai morrer e depois vinha uma série de tiros. A Mariana morreu, pai. A Larissa morreu, a Karine também morreu, pai. A Luiza morreu, pai, e a outra Laryssa também morreu, junto com a Géssica, pai. Morreu todo mundo e eu escondida embaixo da mesa da professora pensando quando ia ser a minha vez de morrer. Eu pensei no Kevin. Na mamãe. Eu pensei que talvez você pudesse ter ouvido tudo e que estivesse voltando pra me buscar eu e o Kevin. Eu não tô conseguindo escutar direito. O barulho dos tiros ainda tá muito alto. Um policial chegou na escola e deu um tiro nas costas do homem, mas ele já tinha matado muita gente. Como pode uma pessoa fazer isso? Como pode alguém fazer isso, pai?

Com as próprias mãos, Franklin silencia os filhos, que seguem escorrendo palavras pelos olhos. Franklin pensa em Eva, ao mesmo tempo em que os abraça e acalenta.

FRANKLIN: Onde tá a mamãe?

KEVIN: Na escola.

FRANKLIN: Tá tudo bem com ela?

KEVIN: Não sei, não deu tempo\

FRANKLIN: Tudo bem. Eu vou buscá-la.

CÉLIA: Não quero ficar aqui sozinha.

FRANKLIN: Eu preciso buscar a mamãe, meu amor.

CÉLIA: E se ele voltar aqui?

KEVIN: Ele deu um tiro na própria cabeça. Ele não vai voltar.

FRANKLIN: Corley! Por favor, Corley!

Corley cruza o quintal e chega à sala, abismando-se com as crianças tingidas de sangue.

CORLEY: Meu Deus, o que houve aqui?!

FRANKLIN: Preciso que cuide das crianças.

CORLEY: Claro. O que aconteceu?

FRANKLIN: Algo na escola. Eu preciso encontrar Eva.

CORLEY: Não se preocupe, eu fico com elas.

Franklin sai. Corley não sabe como agir. As crianças permanecem mudas e estáticas. Há sangue por todo lado. Ele se aproxima e senta no chão, entre Célia e Kevin.

CÉLIA: Você não quer uma cadeira?

CORLEY: Não, tá tudo bem, obrigado.

CÉLIA: Me lembra o seu nome.

CORLEY: Corley.

KEVIN: "C", "O", "R", "L", "E", "Y".

CORLEY: Exatamente.

CÉLIA: Como está a Moira?

CORLEY: Está bem. Descansando.

KEVIN: Ontem ela não parecia muito bem.

CORLEY: Estamos passando por um momento delicado.

CÉLIA: Nós também.

CORLEY: Como vocês estão?

KEVIN: Sujos.

CORLEY: Desculpa perguntar, mas o que aconteceu?

CÉLIA: Um homem armado entrou na nossa escola. E matou todo mundo.

CORLEY: Meu Deus, não. Não. Vocês tão aqui. Ainda bem.

KEVIN: Não, nós não estamos aqui.

CORLEY: Vai ficar tudo bem.

CÉLIA: Não, não vai ficar tudo bem.

CORLEY: Vocês querem alguma coisa? Brincar? Querem comer alguma coisa?

Célia e Kevin não respondem. Sentam-se ao lado de Corley.

KEVIN: Imagina isso: você acorda, põe o seu filho no banho, dá o café da manhã, ele toma e te agradece. Daí você prepara a merenda dele, passa o perfume nele, passa na cabeça também pra evitar piolho. Aí você liga o carro, põe o cinto de segurança e leva ele até a escola. Quando chega lá, você o beija e lhe deseja um lindo dia. Pede que se comporte, que coma toda a merenda, que não crie confusão nem que coma muito doce. E quando ele volta, em vez de trazer a mochila repleta de tarefas para o próximo dia, ele traz o estômago atravessado por uma bala de revólver.

CORLEY: Ei, não vamos falar mais nisso, rapaz.

KEVIN: Você quer falar do quê?

CORLEY: Vocês precisam descansar. Querem brincar?

CÉLIA: Brincar de quê?

CORLEY: Eu posso contar uma história, ou a gente pode jogar bola, ou melhor, a gente pode recortar uns papéis e fazer um mural cheio de imagens bonitas, ou quem sabe a gente pode inventar alguma coisa nova na cozinha, ou construir um barco enorme e entrar na piscina...

CÉLIA: Não fiquei com vontade.

KEVIN: É melhor você esperar o seu filho nascer pra fazer tudo isso.

CORLEY: Ele não vai nascer.

CÉLIA: Sabia. Aquela barriga é de mentira, não é?

CORLEY: É.

CÉLIA: Eu sabia, Kev.

CORLEY: É. Todo mundo sabe.

KEVIN: Menos a sua esposa. Ela tá doente?

CORLEY: Tá. Mas eu não contei isso a ninguém.

CÉLIA: Tudo bem. A gente percebeu.

CORLEY: Vocês sabem guardar segredo?

CÉLIA: Sabemos.

CORLEY: O meu filho. E da Moira. O nosso filho. Bom, ele partiu.

KEVIN: Isso é um eufemismo?

CORLEY: Não, é verdade.

KEVIN: Você quer dizer que ele morreu?

CORLEY: Morreu.

CÉLIA: Era o Tomas?

CORLEY: É.

KEVIN: Por isso a sua esposa resolveu engravidar.

CORLEY: Pois é. É só uma brincadeira.

CÉLIA: Vocês adultos realmente não sabem o que é uma brincadeira.

KEVIN: Não tem muita graça. Ela tá um pouco desesperada.

CORLEY: Mas ela é uma excelente mãe. Uma esposa exemplar.

KEVIN: Meus pêsames.

CÉLIA: Como ele morreu?

Corley pensa que vai parecer culpa sua.

CORLEY: Não quero mais falar desses assuntos.

CÉLIA: Bem, Corley, francamente. Nós não vamos querer brincar, certo, Kevin? Então só restou conversar.

KEVIN: Mas se você não quiser falar, a gente pode ficar um tempo em silêncio. Às vezes é bom. Um minuto pro seu filho. Outro pros meninos da minha sala. E mais outros vinte minutos pras meninas. E aí a gente pode até dormir, porque o que não falta pro dia de hoje é gente morta.

Corley emudece.

Eva e Franklin discutem do lado de fora, à porta de casa.

EVA: Não tem explicação!

FRANKLIN: Nem precisa. A gente vai embora dessa cidade amanhã cedo.

EVA: Não seja ridículo! Olha o que acabou de acontecer, você quer virar as costas e ir embora daqui que nem uma criança medrosa?!

FRANKLIN: Exatamente! Você viu como os seus filhos estão? Completamente assustados\

EVA: Mas estão bem, não estão?

FRANKLIN: Completamente horrorizados com essa situação absurda\

EVA: Eu tô aqui, não tô? Tá faltando o quê?

FRANKLIN: Morar num lugar decente. Eva, nós chegamos nessa cidade não tem nem uma semana e duas dezenas de crianças foram metralhadas enquanto estudavam. Não me venha com motivo pra explicar isso!

EVA: Não exagera! Não foi metralhadora!

FRANKLIN: Quem você tá querendo enganar?

EVA: Oi. Alô. Tô aqui. Fala. Não. Vim em casa. Tá tudo bem. Eles tão aqui. Não, tá tudo bem. Não precisa. Eu tô voltando. Já. Chego em cinco minutos. Não, foi só um susto. Eles tão bem. Eu tô voltando.

Desliga o telefone.

FRANKLIN: Foi só um susto?! É isso mesmo?!

EVA: Frank, por favor, volte pra casa e descanse. Assista a um filme com as crianças. Peça um jantar. Eu deixei dinheiro dentro do pinguim em cima da geladeira.

Eva sai apressada. Frank acende um cigarro.

Dentro de casa, as crianças dormem sobre o colo de Corley.

NÃO-DIVISÃO CELULAR

Manhã de sexta. Kevin, no quarto de Célia, ensaia a peça de teatro da irmã.

KEVIN: Parecem doentes. Assim, não darão frutos até o verão. O que fazer, vento? Oh, chuva, o que fazer com esta grave situação?

CÉLIA: Aí o vento vai passar pelas plantas doentes\

KEVIN: Você é uma planta doente?

CÉLIA: Só que depois eu vou ficar boa. Porque o vento traz a sabedoria\

Célia emudece.

KEVIN: O que foi agora?

CÉLIA: A Géssica morreu.

KEVIN: Que que tem?

CÉLIA: A Géssica era a sabedoria.

KEVIN: Humm... Vão ter que substituir por outra aluna.

CÉLIA: O que é uma pena porque ela era ótima. Aí o vento traz a sabedoria que dá uma ideia ao jardineiro e aí ele faz uma... Como se fala?

KEVIN: Uma poção mágica?

CÉLIA: Uma droga medicinal.

KEVIN: E você toma essa droga?

CÉLIA: E depois eu danço porque eu fiquei ótima, entendeu?

KEVIN: Que bizarro!

CÉLIA: A tia Carlinha falou que é a dança da seiva elaborada. Quando o corpo do pé de maracujá fica doce novamente, entendeu?

KEVIN: Faz todo sentido.

CÉLIA: Então concentra. Sete oito nove dez onze doze e foi.

KEVIN: Oh, sabedoria, que grande ideia você me dará para salvar estas pobres gimnospermas sem futuro? Oh, senhor jardineiro, trago a ti os ingredientes para uma fórmula medicinal! Oh, sim, se isto for capaz de salvar a plantação, então eu hei de prepará-la agora mesmo.

Kevin mistura os ingredientes e borrifa a droga sobre o pé de maracujá. Célia renasce numa dança maquinal e violenta.

CÉLIA: Ficou bom?

KEVIN: Eu, se fosse você, repetia isso o dia inteiro.

CÉLIA: Não ficou bom?

KEVIN: Parece um robô. Não uma planta.

CÉLIA: Tô te entendendo, Kev.

KEVIN: Eu vou acordar o papai.

CÉLIA: Depois você volta aqui, tá?

Franklin golpeia o ar e se ergue da cama, movido por um espasmo, ainda de olhos fechados.

KEVIN: Que foi isso?

FRANKLIN: Um sonho.

KEVIN: Você se mexe quando sonha?

FRANKLIN: Foi um espasmo muscular.

KEVIN: Você precisa se exercitar.

Franklin faz que sim com a cabeça.

KEVIN: Quer conversar?

FRANKLIN: Sim, claro que sim.

KEVIN: Bom dia.

FRANKLIN: Bom dia, rapaz.

KEVIN: Já tá passando o seu café.

FRANKLIN: Cadê sua irmã?

KEVIN: Ensaiando no quarto dela. Aqui entre a gente: ela atua muito mal.

FRANKLIN: Ah, é? E o senhor? Atua muito bem?

Sentam-se ao redor da mesa. Ao fundo, a cafeteira ferve a água e passa o café.

KEVIN: É melhor o senhor perguntar e eu respondo, tá?

Franklin faz que sim.

FRANKLIN: Qual é o nome da sua peça?

KEVIN: *O espírito da música.*

FRANKLIN: Tem a ver com Nietzsche?

KEVIN: Depois de Nietzsche, tudo tem a ver com Nietzsche, né, pai?

Kevin aguarda a próxima pergunta, ansioso.

FRANKLIN: Você interpreta um grande compositor?

Kevin faz que não com a cabeça.

FRANKLIN: Um maestro?

Kevin faz que não.

FRANKLIN: A música?

Não.

FRANKLIN: Não vai me dizer que você interpreta\

KEVIN: O espírito da música de um grande compositor.

FRANKLIN: Nossa, Kev, que loucura!

Kevin faz que sim.

FRANKLIN: Difícil, cara. Mas eu aposto que o espírito da música deixa todo mundo feliz no final da história, não é?

KEVIN: É mais ou menos isso. Eu não gosto muito do final. Tô tentando propor umas coisas novas. Mas a tia Nilza é muito hermética.

FRANKLIN: Qual é, cara? É maneiríssimo. Me conta como é a sua primeira cena.

KEVIN: Eu prefiro fazer, ok?

Kevin vai ao centro da cozinha e se deita sobre a mesa. Maquinalmente, move seu corpo até se erguer. Depois gira os braços como fossem flechas lançando adiante um pouco de esperança. Ele repete e, de novo, repete até ficar imenso.

Franklin orgulhoso.

FRANKLIN: Cara, cê tá sinistro.

KEVIN: Fala sério, pai.

FRANKLIN: Tá bonito. É sério. Tá forte. Acho que você pode começar com mais calma, pra gente entender que essa composição vai nascendo aos poucos, que a sinfonia desse cara é trabalho de formiguinha, sacou? Aos poucos chega uma nota, um piano, um violino, e aí a coisa vai ficando imensa e vira uma música linda que todo mundo conhece.

KEVIN: Você já adivinhou qual é a música?

FRANKLIN: É do Beethoven?

KEVIN: É. É do Beethoven. Mas qual?

Célia aparece, suada de tanto ensaio.

CÉLIA: Vocês tão ensaiando sem mim, né?

FRANKLIN: Bom dia, meu amor. O Kev falou que cê tava muito concentrada.

CÉLIA: Espertinho, hein, Kev?

KEVIN: Como tá a sua dança da seiva bruta?

CÉLIA: Tá mais elaborada.

FRANKLIN: Deixa o pai ver?

CÉLIA: Antes eu preciso visitar o tio Corley.

Célia atravessa o quintal até a casa ao lado.

KEVIN: Eu decidi ontem. E quero que seja a Quinta Sinfonia, pai.

FRANKLIN: Aquela que todo mundo sabe?

KEVIN: É.

FRANKLIN: A mais difícil, Kev?

KEVIN: É?

FRANKLIN: Todo mundo sabe.

KEVIN: Mas tem que ser. Depois do que aconteceu na escola. Ontem. Bom, eu fiquei pensando que o espírito da música podia vir e trazer todo mundo de volta, sabe? Eu sei que não dá. Mas é só uma peça de teatro, né? Então dá. Aí eu pesquisei na internet e descobri uma coisa muito massa sobre a Quinta Sinfonia, pai. Até lembrei do vô Alonso\

Kevin emudece. Franklin transpira.

KEVIN: Como o câncer vira câncer, pai?

FRANKLIN: O do vovô?

KEVIN: O de todo mundo.

FRANKLIN: Bom, uma célula fica dodói dentro do nosso corpo. Aí ela se divide\

KEVIN: Meiose?

FRANKLIN: Mitose. Mas pode ser meiose também. Ela se divide e se multiplica, né? Só que como ela tava doente, essa nova célula que nasce – geralmente num curto espaço de tempo, de algumas horas, um dia –, essa nova célula também nasce doente. E assim o corpo vai criando um câncer, que é um conjunto de células fraquinhas, sem força pra se curar. Certo?

KEVIN: Vira um tumor?

FRANKLIN: Um tumor. Como aquele que levou embora o vovô.

KEVIN: Ih, rimou.

FRANKLIN: Tumor?

KEVIN: Liquidificador.

FRANKLIN: Ventilador.

KEVIN: Barbeador.

FRANKLIN: Desentupidor.

KEVIN: Despelotador.

FRANKLIN: Tudo que termina em dor rima com tumor.

KEVIN: E com vovô, claro.

Franklin não entende o "despelotador".

KEVIN: Eu descobri que tem um pessoal tratando células cancerígenas com a frequência da Quinta Sinfonia de Beethoven. E que duas em cada cinco células que foram expostas a essa sinfonia diminuíram de tamanho, perderam granulosidade e morreram.

FRANKLIN: Onde você leu isso?

KEVIN: No Google.

FRANKLIN: Pelo que você diz, parece ser um tratamento menos tóxico que quimioterapia.

KEVIN: Pena que a gente só ficou sabendo disso agora. O vô Alonso\

FRANKLIN: Tá esperando a nossa visita no domingo. Você quer ir com o pai?

KEVIN: Visitar o vô no cemitério?

FRANKLIN: É. Amanhã completam duas semanas. A gente pega o carro, sai daqui cedinho e depois volta.

KEVIN: Não sei, pai. Eu preciso ensaiar. Morreu muito amigo que fazia a peça. A gente vai ter que refazer muita cena. Obrigado pelo papo.

Kevin se retira. A cafeteira estala.

KEVIN: Não esquece de desligar a cafeteira.

Franklin, com as mãos sobre o rosto, agoniza imóvel.

Corley e Moira conversam aos sussurros, agachados sobre o tapete da sala de estar.

CORLEY: É só uma visita.

MOIRA: Você ouviu o que ela disse ao entrar?

CORLEY: Tá tudo bem.

MOIRA: Ela disse ter vindo cuidar de mim.

CORLEY: Qual é o problema?

MOIRA: Ela tem pena de mim, Corley.

CORLEY: Ela acha que você tá grávida, é só isso...

MOIRA: Ou será que você tá dizendo pros vizinhos que eu perdi o meu filho e enlouqueci?

CORLEY: Não. Eu só disse a eles que a sua gravidez não passa de uma invenção sua pra aliviar a morte do nosso filho.

Moira suspende a própria respiração.

CORLEY: O que foi, meu amor, é mentira?

Moira ainda sufocada.

CORLEY: Moira, chega de jogo!

Moira levemente corada.

CORLEY: Moira!

Moira respira fundo e com calma.

MOIRA: Cansei de brigar, meu amor. Fale baixo, nós temos uma visita.

CORLEY: É só uma criança.

MOIRA: É só uma criança?

CORLEY: É. Só uma criança.

MOIRA: É?

CORLEY: Só uma.

MOIRA: Só?

CORLEY: Sim.

MOIRA: E onde ela está?

CORLEY: No quarto do Tomas.

MOIRA: Ótimo\

CORLEY: Moira\

MOIRA: Vou dar a ela alguns brinquedinhos do Tomas.

Corley finge acreditar na esposa.

CORLEY: Certo. Eu estarei na cozinha. Preparando o almoço.

MOIRA: Qualquer coisa grita.

Corley sobra. Nebuloso. Certo do inevitável, vai à padaria comprar um frango.

Célia no centro do quarto de Tomas. Mórbida e encantada.

CÉLIA: Então é esse o quarto do príncipe? Papel de parede!... Tudo em tons de azul. Azul-petróleo, azul-estrela, azul-marinho, azul-maneiro, azul-preto, azul-constelação, azul-anjo, azul-brincadeira, azul-cromado, azul-alto-astral. Tem foto! Humm... Se você não fosse morto, eu até podia me apaixonar por você. Quantos anos você tinha? Tem cara de novinho. Onde será que você escondia os seus segredos, hein? Aqui só tem bola, corda, capacete, óculos de natação, mamulengo, moedinha e raquete. Ah, foto! Own... Você estudava na mesma escola que eu\

Emudece. O olho se enche de lágrimas. E de inveja.

CÉLIA: Você tem uma foto com o tio Bruce?! Na garupa dele?! Com medalha?! Eu quero essa foto pra mim! Desculpa, Tomas, mas o tio Bruce, depois de você que eu não conheci, é o grande amor da minha vida. Ele foi assassinado ontem, sabia? Tomou dois tiros naquelas costas largas. Morreu tentando salvar a Paloma do terceiro ano. Que acabou morrendo também, no colo dele... Aquela sortuda. Morreu nos braços do homem das pernas mais lindas do mundo. Isso me mata!

[*respira exagerada*] Mentira, Tomas, isso não me mata. Foi só uma metáfora.

Célia chora o porta-retratos. Moira empurra a porta. Célia, de súbito, se vira assustada.

CÉLIA: Que horror! Que horror tudo isso! O tio Bruce, da educação física, morreu ontem tentando salvar a Paloma. E essa foto aqui, dele com Tomas, seu filho também morrido. Que horror!

Célia, involuntária, abraça Moira, que lacra os próprios olhos e umedece, com ódio e fúria, os cabelos da criança.

Terceiro Ato

O BALÃO

Tarde de sábado. Todos ao redor da mesa. Eva, mais magra que no dia anterior, fala como se falando saciasse o seu desespero e a sua fome.

EVA: Eu servi o jantar antes porque hoje cedo fui entrevistada sobre o massacre na escola e a minha entrevista vai aparecer no telejornal desta noite. Quero que todos vocês assistam.

KEVIN: Me passa o vinagre?

EVA: Foi realmente um susto. Mas se vocês tão bem, eu não preciso de mais nada. Vocês foram muito espertos correndo pra casa. Amanhã vamos ao Zoológico. Agora imaginem: se os tiros tivessem começado um pouquinho antes, o seu pai teria socorrido todo mundo, não é mesmo, Frank?

CÉLIA: Me passa o sal?

EVA: Essas coisas acontecem pra chamar nossa atenção. Quanta coisa passa despercebida e a gente nem vê. É violência, é arma na escola, arma dentro de casa, arma na bolsa, na mochila e na pochete. É essa programação na TV que é pura sedução. Eu falei um pouco sobre isso na entrevista. Como se educa um país dessa forma? Não tem como! É preciso fazer uma limpa. Tem muita gente agindo com maldade e que precisa ser reprovada. Corrupção, o nome disso. É um problema vastíssimo. É político. Mas aqui estamos nós: jantando em paz.

FRANKLIN: Me passa a faca?

EVA: A faca?!

FRANKLIN: A faca.

EVA: Isso é uma arma branca, sabia?

FRANKLIN: Não, Eva, é um talher.

EVA: Ora, quantas vezes\

KEVIN: Mãe, você nem tá tão gorda assim pra fazer regime. Tem certeza que não vai comer nada?

Eva mira o prato, intacto. Kevin se retira da mesa e arrasta Célia consigo.

FRANKLIN: Eu vou te pedir uma coisa que eu nunca pedi antes. Você tá assustando os seus filhos, sabia? Cala essa sua boca por, pelo menos, esta noite.

Franklin se junta aos filhos. Estacam na sala, frente ao televisor. Surge a apresentadora, fatigada.

JOANA: Boa noite. Na edição de hoje, a cobertura completa do massacre que abalou a nação. Autópsias, depoimentos e entrevistas. A história completa de uma criança que, vítima de bullying na infância, deu a volta por cima e se vingou anos depois. Confira também: a dança macabra de Nasdaq. E agora, dica cultural do fim\ Interrompemos a nossa programação para cobrir, ao vivo, mais uma aterradora situação envolvendo a morte de crianças em nosso município. No final desta tarde, há menos de trinta minutos, o corpo de um jovem rapaz despencou do céu e caiu nos arredores do Clube Militar da cidade. Vamos falar diretamente com Carolina Wellerson, que está no local do acontecimento.

Surge a repórter, com luvas plásticas nas mãos.

JOANA: Boa noite, Carolina.

CAROLINA: Boa noite, Joana. Péssima noite, Joana. A criança, ainda não identificada, tem nos pulsos – como vocês podem ver – uma série de fios amarrados que parecem ter dificultado a circulação sanguínea das mãos e dos braços, provocando aquilo que chamamos de gangrena. Nas pernas – como é possível ver –, escoriações e mordidas provocadas pelo que suspeitamos tenham sido pássaros. As roupas parecem ter se perdido no caminho (ou seria entre as nuvens?), há apenas um sapato e uma dor imensa em todos os nossos corações. Voltamos a seguir, com mais detalhes\

MOIRA: Tomas!!!!!!!!!!

Moira inteira num só grito. Célia e Kevin boquiabertos. Neblina sobre a vizinhança. Tomas

CAROLINA: ... caminha sôfrego sobre o nada. Carrega a si próprio, despedaçado e apodrecido. Nos braços magros, nas pernas finas e ao redor da boca e dos olhos secos e quebradiços, saltam pelos crescidos e enovelados. Não há mais balões.

TOMAS: Nem sei. Primeiro foi divertido porque sempre quis voar, só que eu nunca tinha conseguido. Depois achei muito engraçado. Tudo virou formiga muito rápido. A minha mãe virou formiga, o meu pai virou formiga e até o poste lá na frente de casa também virou formiga. Depois, a cordinha dos balões começou a cortar o meu punho e ele foi ficando preto, preto, muito preto, pretão. Aí eu vi que eu tava voando e era por causa disso que eu tava voando. Vocês precisam conhecer o céu. Lá tem umas cores que se invadem e se misturam, só que é muito mais bonito, tem espaço pra todo mundo lá no céu. Cabe tudo nesse mundo. Aí depois veio um bicho. Ele era preto, era um pássaro. Óbvio que era um pássaro. Ele veio voando na minha direção, ele veio rápido, muito rápido, aí ele furou um dos balões e o meu corpo começou a rodar pra direita e a minha cabeça foi pra esquerda. O bicho tinha um bico duro, ele começou a me bicar, me bicar forte. Aí eu dei um chute bem no meio da cara dele, ele levou o meu tênis de volta pra terra e foi a primeira vez que eu vi que eu tava morrendo. É. Foi a primeira vez que eu vi que eu tava morrendo. Achei que eu fosse encontrar com Deus. Deus não existe. É uma mentira. No céu só tem uma nuvem. Que é branca, não tem cheiro e é invisível. Depois meu punho esquerdo tava doendo muito, aí eu peguei a minha mão direita, passei nele e senti cheiro de sangue. Eu fui comido por urubus. É. Por urubus. Eles começaram a bicar o meu estômago, fizeram um furo, um rombo enorme no meu estômago. E como tava ventando muito, o vento passava no buraco e a dor aumentava. Eu fiz xixi no short, mas como tava ventando muito ele secou rápido. Eu não fiz cocô, mas eu acho que quando eu tava caindo eu fiz um pouco de cocô. As minhas pernas, elas começaram a ficar pesadas. Começou a nascer pelo na minha perna, pelo na palma da minha mão, eu fiquei com barba que nem o meu pai. O meu pulmão começou a ficar pesado. Eu não senti fome porque já tinha um rombo no meu estômago, mas eu senti frio! Senti coceira. Tonteira. Eu senti um montão de saudade. Quando bati no chão, tentei gritar pro meu pai, só que ele não tava me ouvindo. Eu tô muito triste, eu queria fazer a peça da escola.

Franklin desliga o televisor e vai até Eva, que, ainda na cozinha, brinca com a faca sobre o prato intacto.

FRANKLIN: Eu tô entrando no carro agora e voltando pra nossa cidade. Eu vou chegar lá pela manhã, verei o meu pai no cemitério e, em seguida, darei um jeito de reaver as nossas coisas e a nossa casa. Eu encontro com você, Célia e Kevin amanhã à noite, aqui, pra que na segunda de manhã a gente esteja dentro do carro voltando pro lugar de onde nunca deveríamos ter saído. Você tem pouco tempo – assim como eu tive – pra embalar tudo de volta. E eu te peço um último favor, Eva: escove esses dentes antes de dormir.

Eva se ergue de súbito

CAROLINA: ... raivosa e afiada como a faca presa em sua mão esquerda.

FRANKLIN: Isso tudo o que eu falei não foi uma pergunta. Você pode continuar sentada e calada. E pode também guardar a sua arma.

EVA: Isso não é uma arma, Frank, é um talher!

FRANKLIN: Pra pessoas ambiciosas como você, meu amor, isso – sem dúvida alguma – é mais arma do que talher.

Franklin na garagem. Kevin tira Célia, adormecida, de seu colo e a acomoda no chão da sala. Lento, caminha até a cozinha. O carro cruza o portão de entrada. Kevin vê a mãe, com uma faca na mão, correndo para fora de casa.

EVA: Frank!!!!!!!!!!

Eva tropeça e cai, ralando os joelhos e as mãos no asfalto frio.

KEVIN: Existe, sim, um problema. Eu sou Kevin, eu tenho 9 anos de idade, eu vou atuar na peça mais legal da minha vida. Mas e se... E se eu tiver que me mudar de novo para a nossa antiga cidade? Quem então vai interpretar o meu papel na apresentação do colégio? Como faz pra eu ser aquilo que eu quero? Será que se eu repetir várias vezes tudo isso eu consigo convencer o meu pai a ficar? Hoje eu não quero sonhar dormindo. Hoje eu preciso sonhar acordado e aprender de vez como faz pra ser o espírito da música. Quem sabe assim eu não faço todo mundo feliz no final dessa história?

Fazendo música com o próprio corpo, Kevin trepida sobre o chão do quarto. Enquanto isso, Célia dorme no andar inferior e sonha com uma grandiosa festa de aniversário.

DEUS EX-MACHINA

Madrugada

CAROLINA: ... de domingo. Corley atravessa a faixa sinalizadora deixando para trás *flashes* e policiais. Lentamente, se ajoelha sobre a terra e toca a face, primeiro. Em seguida, recolhe as mãos e o que sobrou do peito. Contempla o resto das pernas e, com força abrupta, traz ao próprio colo o que restou de seu filho.

CORLEY: Quando a primeira bicicleta dele chegou, a primeira coisa que ele fez foi partir. Na velocidade em que conseguiu, vestido no pijama daquela manhã. E dali em diante, eu vivi as horas como se fossem dias. Ele fugiu!, eu me dizia. Porque quem perde um pequeno o perde pelo braço e, do braço pro mundo, o meu filho foi num só passo. Eu envelheci. O meu tato foi ficando coberto por toda a poeira desse mundo. E, mesmo assim, toda manhã era eu e o café dele, esfriando juntos, na varanda. Até que um dia eu escutei o barulho da bicicleta dele. Eu atravessei o quintal correndo, o coração já na mão, caso fosse preciso doar a ele. E então eu vi o rosto dele avermelhado. E dentro dele uma força enorme se debatendo. O meu filho. Ele me olhou sem graça, igual quando olha quando faz coisa errada. Só que você nunca soube, você nunca vai saber: o papai adora as suas coisas erradas. Eu adoro sentir culpa por não ter te educado direito, meu filho. Caído no chão, a primeira coisa que ele fez foi olhar a bicicleta dele quebrada. E logo em seguida, como se nada tivesse acontecido, ele me pediu: Pai, tira a rodinha. Tira! Foi por causa dela que eu caí. Tira a rodinha. Tira! Eu não devia ter ensinado chantagem a ele, só que naquele dia foi a rodinha em troca de um almoço, de um banho, a rodinha em troca de um abraço, de um beijo, da nuca e do pescoço perfumados. Você não teve paciência, acredita? Almoçou tudo e ainda ameaçou desobedecer, queria mais doce só por saliência. Nos olhos, você trazia uma incompreensão que eu julguei absurdo, Tom. Me desculpe. Tudo o que eu julgo absurdo é porque eu não sei compreender. Desculpa, tudo o que eu julgo absurdo é porque eu não sei compreender.

JOANA: Eva se levanta. Olha a rua, na qual há apenas ela, folhas secas e sacolas plásticas em meio ao vento. Ela mira o asfalto, em busca da faca-presente de casamento. Os postes balançam e as luzes piscam. Eva ouve o rosnar de um cachorro. Ela se vira.

CAROLINA: Ele a olha.

JOANA: Ela estala os beiços.

CAROLINA: Ele rosna.

JOANA: Ela tem ódio.

CAROLINA: Ele tem fome.

JOANA: Ela sem a faca.

CAROLINA: Ele lambendo os dentes.

JOANA: Ela se vira, urgente, à procura da faca e é mordida na batata da perna esquerda.

CAROLINA: Mordida de tubarão com quatro patas.

JOANA: Ela soca o animal...

CAROLINA: ... mas ele mastiga sua perna com desejo e revolução.

JOANA: Eva grita à procura da faca...

CAROLINA: ... enquanto o cão engole um primeiro pedaço da sua refeição.

JOANA: Eva grita.

CAROLINA: O cão em silêncio não a liberta.

JOANA: Ela tateia o chão, quebra as unhas e encontra a faca que de súbito atravessa a cabeça do animal.

CAROLINA: Ele grita.

JOANA: Eva rosna.

CAROLINA: Ele cambaleia enquanto ela gira a faca e, com prazer, arrasa estômago, intestinos e o coração.

JOANA: Eva grita feito ganhador de loteria. Que deselegante, Eva.

CAROLINA: Célia acorda no chão da sala.

JOANA: Ela se ergue. Mira o televisor.

CAROLINA: Moira surge no quintal, batendo a porta da sala.

JOANA: Célia abre a porta ao destino.

MOIRA: Faz frio aqui fora.

CÉLIA: Tá tudo bem com você?

MOIRA: A sua mãe, o seu pai e o seu irmão estão lá em casa. Eles não queriam que eu viesse te acordar, mas eu disse a eles que você já é bem grandinha pra jantar com a gente.

CÉLIA: Eu bem que tô com fome.

MOIRA: Foi o que eu pensei.

CÉLIA: Tem o que pra comer?

MOIRA: *Fondue.* Sua mãe me disse que você adora.

CÉLIA: Minha mãe não sabe muito das coisas.

MOIRA: Shi! É surpresa! Eles estão achando que você ainda tá dormindo...

JOANA: Moira estende a mão a Célia...

CAROLINA: ... que retribui.

JOANA: Entram...

CAROLINA: ... silenciosas...

JOANA: ... rumo ao centro da sala de estar.

CÉLIA: É uma festa surpresa, pessoal?

MOIRA: Não. É só um papo sério entre mulheres.

CÉLIA: Entre você e minha mãe?

MOIRA: Não. Entre você e eu.

JOANA: Célia emudece...

CAROLINA: ... e lentamente...

JOANA: ... enche um olho com lágrima.

CÉLIA: Tio Corley!

MOIRA: Cala essa boca ou eu te dou umas palmadas!

CÉLIA: Você não pode me bater, você não é minha mãe!

MOIRA: Você não é minha filha e judiou do meu filho. Então eu posso fazer com você o que eu quiser!

CÉLIA: Seu filho morreu! O tio Corley me contou tudo.

MOIRA: Mentira!

CÉLIA: Eu quero *imbora*!

MOIRA: Impossível.

CÉLIA: Me deixa sair!

MOIRA: Impossível!

CÉLIA: Me desculpa?

MOIRA: Pelo quê, meu docinho?

CÉLIA: Por ter falado que a sua barriga é de mentira.

MOIRA: Você quer que eu te desculpe?

CÉLIA: Por favor, me desculpa.

MOIRA: Você vai ter que se esforçar.

CÉLIA: Por favor, eu não fiz por querer, me desculpa.

MOIRA: Você é uma péssima atriz.

CÉLIA: Não sou.

MOIRA: Você chora pelos dois olhos ou só pelo único que sobrou?

CÉLIA: Por que você tá fazendo isso?

MOIRA: Porque eu posso.

CÉLIA: Eu já pedi desculpa!

MOIRA: Fala baixo ou vai apanhar!

CAROLINA: Moira avança sobre Célia e a cala com as próprias mãos.

JOANA: Célia se debate.

CAROLINA: Célia gira o único olho, já sem ar.

JOANA: Moira a liberta.

MOIRA: Já que a mocinha se achou muito espertinha e descobriu a mentira da minha brincadeira, eu estive pensando: nada mais justo do que ela agora ser a minha filhinha. Ela que invadiu o quarto do meu filho e deixou no ar um perfuminho tão cheiroso. Ela agora vai ter que ser o meu novo filhinho. Vai ser o meu menino. Célia agora se chama Tomas. Ou fica bonitinha ou vai ficar sem ar. Você realmente quer gritar? Tá doendo o cabelinho, tá? É só o cabelinho? Nossa, quando você for gente de verdade vai descobrir que tem mais dor pra além do cabelo.

JOANA: Célia começa a chorar pelos dois olhos.

CAROLINA: Moira abre a gaveta e pega uma tesoura pequena...

JOANA: ... mas pontiaguda. Vira-se para Célia.

CAROLINA: Célia se ergue implorando a Moira.

JOANA: Moira picota uma mecha do cabelo de Célia...

CAROLINA: ... que corre pelo quarto enquanto é perseguida.

JOANA: Célia destrói tudo em seu desespero.

CAROLINA: Persianas, prateleiras e brinquedos.

JOANA: Encontra um taco de beisebol...

CAROLINA: ... e subitamente acerta a mão de Moira.

JOANA: A tesoura vai ao chão...

CAROLINA: ... Célia a pega e aponta para Moira.

JOANA: Cara a cara...

CAROLINA: ... as duas se respiram.

MOIRA: Filha da puta!

CÉLIA: Não se aproxima! Eu vou te machucar!

MOIRA: Uma criança fraca como você não me faz nem cosquinha!

CÉLIA: Eu não sou mais criança!

MOIRA: É, sim. É, sim. E é o meu menino.

CÉLIA: Mesmo tendo um olho só?

MOIRA: Pior seria não ter os dois. Mas tendo um, eu consigo te aceitar.

JOANA: Célia enfia a tesoura no olho e o perfura!

CAROLINA: CÉLIA FURA O PRÓPRIO OLHO!

JOANA: Ela grita o nome do irmão enquanto Moira avança sobre ela, trepidando entre pavor e sangue.

CAROLINA: Kevin apaga a luz do quarto e se aproxima da janela.

JOANA: Vê Moira olhando para algo em direção ao chão.

CAROLINA: Kevin ouve seu nome ser gritado...

JOANA: ... e Moira cessando o som.

CAROLINA: Ele desce a escada correndo e atravessa o quintal...

JOANA: ... pisando no gramado repleto de orvalho.

CAROLINA: Kevin entra silencioso...

JOANA: ... e vaga por salas até chegar à cozinha. Pega uma faca.

CAROLINA: Uma faca grande e pouco afiada.

JOANA: Sobe as escadas.

CAROLINA: Kevin abre a porta.

JOANA: Moira se vira...

CAROLINA: ... se vira a tempo de sentir a ferrugem da faca cortando-lhe o ar e o sorriso bestial.

JOANA: KEVIN DEGOLA MOIRA!

CAROLINA: KEVIN MATA MOIRA!

JOANA: Ela cospe sangue e cai sobre o chão...

CAROLINA: ... morta.

CÉLIA: Ah!!! Me solta! Me solta, por favor!

KEVIN: Célia, sou eu! É o Kevin!

CAROLINA: Kevin desce as escadas...

JOANA: ... e cruza o jardim com a irmã no colo. Kevin não aguenta o peso...

CAROLINA: ... e junto com Célia cai no gramado.

JOANA: Kevin grita pelos pais...

CAROLINA: ... enquanto Célia vai desfalecendo.

JOANA: Kevin a abraça...

CAROLINA: ... comprimindo a própria camisa no orifício atravessado.

KEVIN: Célia! Escuta o irmão. O papai tá chegando, tá? O papai tá chegando, Célia. Ele e a mamãe foram comprar um bolo surpresa pra você. Lembra? Hoje era o dia da sua festinha. A mãe falou do Zoológico, mas era pra disfarçar. O papai tá chegando. Você tá ouvindo? É o barulho do carro. Virando a esquina. É o papai que tá chegando, Célia. Fica comigo. Eu vou cantar uma música pra você, é a música mais bonita de todas. Mas você vai ter que me prometer que vai ficar. Por favor, Célia, fica.

Kevin cantarola qualquer coisa. Mas já não importa mais.

Dramatorgia

"Como transformar o meu desejo artístico numa criação capaz de afetar mais pessoas do que apenas eu mesmo?" Lá estou, estudante universitário, era julho de 2010, dentro de uma livraria, à procura de algum livro que pudesse confirmar e desdobrar essa questão que me tomava. Naquela livraria, o livro que me encontraria estava à minha esquerda. Ele meio que piscou para mim. Peguei-o nas mãos. Na contracapa:

> Este é um livro revolucionário, em múltiplos sentidos. Não só porque seus autores o escreveram sob o influxo de Maio de 68, mas sobretudo porque seu alvo é compreender e libertar a potência revolucionária do desejo, dinamitando as categorias em que a psiquiatria e a psicanálise o enquadraram.
>
> No centro do conflito está a concepção freudiana do inconsciente como teatro e representação – e sua pedra de toque, o drama de Édipo. Para Deleuze e Guattari, ao contrário, o inconsciente não é teatro, mas usina; não é povoado por atores simbólicos, mas por máquinas desejantes; e Édipo, por sua vez, não passa da história de um longo "erro" que bloqueia as forças produtivas

do inconsciente, aprisiona-as no sistema da família e assim as remete a um teatro de sombras.[1]

Eu conhecia o mito de Édipo através da dramaturgia *Édipo Rei*, do grego Sófocles, porém, naquela livraria, não parecia que eu tinha em mãos um livro sobre teoria teatral. Dinamitar categorias que enquadram o desejo para, enfim, libertar sua potência revolucionária me parecia mais sobre a vida do que sobre teatro. *O anti-Édipo: Capitalismo e esquizofrenia 1* talvez fosse o título que mais me desse nome naquele instante. Tinha acabado de apresentar *Esperando Godot*, na UFRJ, montagem que em breve estrearia no Rio de Janeiro, como *Vazio é o que não falta, Miranda* e *O anti-Édipo*, me apareceu como um possível desdobramento para alguma operação que eu vinha realizando: confiar destemidamente nos meus próprios desejos e intuições e, por conta disso, criar peças que problematizavam categorizações tradicionais de "texto dramático", "encenação" e suas relações.

Era outubro de 2010, quando comecei a projetar minha montagem de formatura na UFRJ que ocorreria em um ano e, a despeito de tantas dramaturgias já conhecidas e possíveis adaptações, *O anti-Édipo* continuava a me prender sem que o pudesse compreender. Especificamente, o primeiro capítulo: "As máquinas desejantes". Algo nele me fascinava e, assim, mais uma vez confiando nas minhas intuições, decidi que minha peça de formatura seria criada a partir desse capítulo e, antes mesmo de o ano terminar, já tinha formado um elenco disposto às investigações que começaríamos juntos no ano seguinte.

---

[1] DELEUZE, Gilles. *O anti-Édipo: Capitalismo e esquizofrenia 1*. São Paulo: Editora 34, 2011, contracapa.

O mito de Édipo, contra e junto ao qual Deleuze e Guattari erigem seus conceitos, na visão dos autores, evidencia como o fluxo produtivo do inconsciente pode ser atravancado quando dominado pela lógica familiar. Deleuze e Guattari escrevem sobre o triângulo edipiano (pai-mãe-eu) e sobre a asfixia dessa estrutura familiar que remete o filho obrigatoriamente ao universo de seus pais. Sobre uma criança que brinca e explora a casa em que mora, eles escrevem:

> É evidente que a presença dos pais é constante e que a criança nada tem sem eles. Mas a questão não é essa. A questão é sabermos se tudo aquilo em que ela toca é vivido como representação dos pais. [...] Não é rigorosamente verdade que o seio seja um destaque do corpo da mãe, pois ele existe como peça de uma máquina desejante, em conexão com a boca [...]. Sendo parte de uma máquina desejante [...] ele não é representativo. Ele é suporte de relações e distribuidor de agentes; mas esses agentes não são pessoas, assim como essas relações não são intersubjetivas.[2]

Para além da representação dos pais, o que a criança vive é produção de desejo e desejo como produção. Essa é, para os autores, a condição humana: ser (máquina) desejante. Uma condição naturalmente esquizofrênica, em que a produção de desejo é incessante e ainda não formatada pelos interesses do capitalismo que tendem a torná-la unicamente produtiva. Para os autores, a condição desejante "excede todas as categorias ideais e forma um ciclo ao qual o desejo se

---

[2] Ibid, p. 67.

relaciona como princípio imanente."[3] Ao encarar o desejo como alicerce e colocando-o frente à clausura do triângulo edipiano, intuí ser necessário acrescentar um novo vértice ao triângulo. Por meio deste quarto vértice, a estrutura edipiana que lacrava em si tudo aquilo que talvez desejasse se abrir para um fora encontrou um ponto de fuga para sair e criar possibilidades outras de reinvenção e existência. Do triângulo edipiano chegou-se, então, a uma pirâmide triangular, um corpo tridimensional com quatro faces triangulares. Este último ponto, inventado, passou a ser o vértice da poesia ou, precisamente, o da ficção.

Contar uma história: essa era uma das minhas primeiras intuições e, sem dúvida, a mais forte. Vislumbrei, pela primeira vez, que contar uma história inventada me possibilitaria pensar e praticar oposições entre a dramaturgia da palavra e a dramaturgia do corpo do ator. Pensei intensamente a quem destinaria tudo aquilo que começava a se compor. Mas qual história? Como encontrá-la? Voltei a uma livraria. O nome eu não sabia, mas a capa do livro trazia a imagem de uma criança de pé numa estrada de terra vestida com calça jeans, camisa de manga comprida e tênis. Criança cujo rosto era a face de um lobo. Eu me lembrava dessa imagem. Revirei prateleiras e encontrei um exemplar do romance *Precisamos falar sobre o Kevin*, da autora norte-americana Lionel Shriver. Assim como *O anti-Édipo*, o "Kevin" também parecia me esperar. O romance *Precisamos falar sobre o Kevin* reúne cartas de uma mãe, Eva, a seu marido, Franklin. Eva e Franklin são pais de Kevin, mais velho, e Célia, nascida depois. Um pouco antes de completar 16 anos, Kevin comete

---

[3] Ibid., p. 15.

um massacre em sua escola: ele assassina duas dezenas de pessoas, entre amigos de classe, funcionários e professores e, em seguida, também a irmã e o próprio pai. Esse romance nos pergunta sobre a possibilidade de uma mãe odiar o próprio filho antes mesmo de seu nascimento.

Misturando dados reais de inúmeros massacres ocorridos nos Estados Unidos a uma trama familiar inventada, Shriver traz à tona temas e questões que me remeteram imediatamente aos conceitos e provocações de *O anti-Édipo*. Passei o fim de 2010 entre uma obra e outra, reconhecendo como o romance se ligava poeticamente à filosofia de Deleuze e Guattari, e, terminado o ano, tinha em mãos uma adaptação dramatúrgica do *Precisamos falar sobre o Kevin* e um blog[4] no qual registrava, diariamente, o processo criativo da peça que viria.

No início de 2011, mandei um e-mail para o elenco solicitando aos atores listas dos seus desejos mais persistentes, demandas individuais que eles ainda não consideravam contempladas. Os desejos se tornariam matéria-prima para o trabalho criativo e, no caso de um grupo de artistas de teatro, matéria-prima plural. Multiplicidade que, através das listas, eu procurava colocar para conversar por acreditar que uma criação artística nasceria mais complexamente humana se feita a partir de muitos pontos de vista. Por isso enfatizo a duração desse processo, porque o tempo de composição de *Sinfonia*, 13 meses, foi determinante para que os desejos pudessem ser maturados e transformados em ação teatral.

---

[4] Blog de *Sinfonia Sonho* com registro do processo de criação: http://oantiedipo.blogspot.com.br/.

Como aluno, um semestre antes de iniciar os ensaios propriamente ditos, tive uma vez por semana aulas da disciplina "Projeto de Encenação",[5] nas quais fui especulando e elaborando o projeto vindouro. *Sinfonia* levou mais tempo nesse jogo projetivo do que na sala de ensaio. Ou, talvez, o trabalho na sala de ensaio tenha sido mais ágil por conta do rigor dessa fundação teórica e conceitual. Eis um vínculo que a universidade me ensinou a gerar e a gerir: pesquisa, criação e produção são simultâneas e enoveladas; pesquisa, criação e produção não nutrem relações de causalidade, uma não é origem da outra, são linhas contemporâneas entre si. Produz-se pesquisa criando e se cria produção pesquisando. Toda a pesquisa antes e durante a disciplina "Projeto" expandiu minha capacidade de desejar; transformou pensamento em operação desejante e toda e qualquer prática em ação sensível e suscetível tanto às intuições quanto aos limites concretos dados pelo processo de criação-produção.

Durante o primeiro semestre de 2011, em paralelo às aulas de "Projeto", realizei encontros semanais com o elenco para estudo do capítulo "As máquinas desejantes". Num deles, já intuindo que escreveria uma dramaturgia original, sugeri que os atores começassem a ler poemas que eu vinha escrevendo faz anos no blog *Lendo Árvores e Escrevendo Filhos*.[6] Cada ator entrou em contato com cerca de cem poe-

---

[5] A disciplina "Projeto de Encenação", com a professora Gabriela Lírio, foi cursada por mim no primeiro semestre de 2011, quando aluno da graduação em Artes Cênicas: Direção Teatral da UFRJ.

[6] *Lendo Árvores e Escrevendo Filhos* é o blog que reúne grande parte da minha criação poética desde 2008: http://lendoarvoreseescrevendofilhos.blogspot.com.br/.

mas e, em nossos encontros, buscávamos relações entre a filosofia estudada e as poesias lidas.

Num dos encontros, o ator Márcio Machado destacou um verso que para ele manifestava "algo", alguma estranheza a ser desdobrada em nossa criação. O verso dizia: "mãe, quero ser música". E, assim, fomos reunindo tudo o que nos afetava, fosse um verso ou uma referência a um filme ou música. De acordo com o diretor teatral Antonio Araújo, da companhia paulista Teatro da Vertigem, sobre o processo colaborativo, alguns objetivos são claros:

> [...] garantir e estimular a participação de cada uma das pessoas do grupo, não apenas na criação material da obra, mas também na reflexão crítica sobre as escolhas estéticas e os posicionamentos ideológicos. Não bastava, portanto, sermos apenas artistas-executores ou propositores de material cênico bruto. Deveríamos assumir também o papel de artistas-pensadores, tanto dos caminhos metodológicos como do sentido geral do espetáculo.[7]

Era junho de 2011 quando a dramaturgia ganhou contornos mais visíveis por meio de uma colagem de variadas partes das inúmeras referências que cruzavam nosso caminho e, sobretudo, a partir do posicionamento crítico que os atores manifestavam em nossos encontros. Finalizei a disciplina "Projeto" com uma lista dos temas recorrentes em nosso estudo: família e criação, desejo e clausura, violência e ultrapassagem de categorias e modelos. Além dessa lista,

---

[7] ARAÚJO, Antonio. *A gênese da vertigem: O processo de criação de* O *paraíso perdido*. São Paulo: Perspectiva: Fapesp, 2011, p. 133.

compus também a descrição das personagens, a sinopse do drama e uma escaleta com o planejamento das cenas. Foi a partir dessas referências que *Sinfonia* nasceu.

Em agosto de 2011 começamos os ensaios que, até o final de setembro, totalizaram 14 encontros nos quais trabalhamos a partir do material finalizado na disciplina "Projeto" e, sobretudo, a partir do jogo e da relação entre os atores. Nesses primeiros encontros, fizemos seminários sobre como seria possível se transformar em música, demos corpo às descrições das personagens e improvisamos algumas situações que a dramaturgia previa apresentar. Logo no início de outubro, no 15º ensaio, entreguei as primeiras três cenas das oito que viriam a compor a dramaturgia final. Sete semanas depois, no início da segunda quinzena de novembro, estreávamos *Sinfonia Sonho*, apresentando a história de Kevin (Márcio Machado), uma criança de 9 anos tomada pelo desejo de se tornar música por conta de uma peça teatral que ensaiava em sua escola. O desejo de Kevin – virar música – foi para nós a tradução precisa – e concretamente abstrata – de uma saída poética para a sua existência. Em vez de remeter o desejo dessa criança às faltas familiares, pensamos que seu desejo poderia florescer de maneira imaginativa e rente ao seu corpo; desejo como ficção.

Em *Sinfonia*, o drama acontece entre duas famílias vizinhas. Eva (Virgínia Maria) e Franklin (Dan Marins) se mudam com os filhos, Célia (Adassa Martins), de 7 anos, e Kevin (Márcio Machado), de 9, para uma nova cidade, após a promoção de Eva à diretora de uma escola municipal. Na cidade nova, eles se tornam vizinhos de Corley (Andrêas Gatto) e Moira (Laura Nielsen), pais de Tomas (Gunnar Borges), um menino de 8 anos que, logo no início da peça, é levado ao céu por balões de gás de sua festa de aniversário. Pouco a pouco, a dramaturgia foi revelando aquilo que diagnosticamos como uma perversão contemporânea: a progressiva infantilização dos adultos simultânea à adultização das crianças.

Afetada pelo romance de Shriver, a dramaturgia busca perguntar que tipo de relação familiar vem se repetindo em nossa época e que nos faz agir de modo a matar e impossibilitar a vida; afetada pelos escritos de Deleuze e Guattari, ela busca reconhecer como tais violências são também produções familiares e sociais, sobretudo, num contexto em que desejos são enclausurados dentro do espaço privado de uma família. Num café da manhã, por exemplo, o menino Kevin manifesta aos pais o desejo de virar música por conta da personagem "espírito da música", que ele interpretará na peça teatral em sua nova escola. Ao ouvir o desejo do filho, sua mãe, Eva, prontamente reage em negação à possibilidade de o filho se transformar em música. Na noite seguinte, num jantar, Eva discursa aos filhos e ao marido:

> **EVA:** Então eu peço desculpa a vocês, meus filhos, pela correria desses últimos dias. [...] Como vocês sabem, a mamãe agora é diretora de uma grande escola e, como vocês já viram, é realmente uma grande escola. Isso exige muito trabalho pra deixar tudo em ordem. E só mesmo contando com um time de craques como vocês é que eu tô conseguindo dar conta de tudo. Muito obrigada.

Silêncio ao redor da mesa. Kevin pigarreia.

KEVIN: Mãe, a correria desses últimos dias inclui a manhã de ontem?

EVA: Sim, meu filho.

KEVIN Então eu preciso te dizer que eu não te desculpo.

EVA: Como é, Kevin?

KEVIN: Eu não te desculpo pelo que você falou ontem no café da manhã.

EVA: E que foi que eu disse ontem?

KEVIN: Você não lembra?

EVA: Não.

KEVIN: Alguém aqui lembra?

CÉLIA: O Kevin disse que queria ser música e você gritou com a gente, mãe.

EVA: Ah, foi isso?

KEVIN: Não só isso. Você não só gritou, como também não quis ouvir o que eu tinha pra te dizer. Isso me fez pensar, desde ontem, que quando o assunto não te interessa, mãe, você simplesmente dá um jeito de acabar com ele quanto antes.

FRANKLIN: Kevin.

EVA: O que é isso?!

KEVIN: Você pode, ao menos, me ouvir?

EVA: Eu tô te ouvindo, mas você sabe o que você tá dizendo?

KEVIN: Eu tô dizendo, mãe, que eu preciso aprender a virar música pra peça que a minha turma tá fazendo na escola. Eu tô dizendo que eu te disse isso e você, sem nem ouvir, já disse ser impossível. Eu tô dizendo que isso não é uma metáfora e [...] você teima em dizer que é, como se eu não tivesse condição de entender o que é uma metáfora.

CÉLIA	O que é metáfora?
EVA:	Kevin, meu filho, escuta. É tudo por causa da sua peça na escola, eu entendi, mas eu preciso que você entenda que é só uma peça de teatro, não é verdade? [...] É bonita essa história desse menino que quer virar música porque isso é uma metáfora. E por isso não existe, porque é uma coisa que fica aqui, no plano das ideias, dentro da nossa cabeça, nos sonhos, você me entende?
KEVIN:	Mãe, você precisa seriamente estudar um pouco mais sobre metáfora.

Kevin se levanta e sai apressado para seu quarto. Bate a porta e se tranca.[8]

Assim como o "virar música" de Kevin surgiu de um verso destacado pelo ator Márcio Machado, todo o processo de criação da peça foi realizado de maneira colaborativa. Como diretor, me interessava que o ator pudesse chegar ao personagem a partir de si mesmo e não a partir de procedimentos previamente determinados por mim. Nesse sentido, foi crucial, em *Sinfonia*, praticar um jogo de autonomia e composição: eu chegava com novas cenas escritas, estudávamos juntos, desenhávamos um cronograma de trabalho e o elenco começava a compor as cenas. Ao fim de cada semana de trabalho, eu assistia junto com a assistente de direção, Thaís Barros, ao que eles haviam composto, e era ali, na sala de ensaio, que víamos a peça nascendo dessa escrita elaborada pelos atores.

---

[8] Trecho da primeira cena do segundo ato de *Sinfonia Sonho*.

Num processo colaborativo como *Sinfonia*, o trabalho do diretor dizia respeito à orquestração das ações propostas pelo elenco de criadores, buscando momentos de afinação e de dissonâncias, instantes em que apenas um acontecimento tomava a cena e, outros, em que várias ações se inscreviam simultaneamente. Sobretudo, a poética cênica de *Sinfonia* nasceria a partir da maneira como as cenas iam sendo criadas pelos atores, fazendo uso de seus tempos e movimentos. Compreendo que a organicidade do processo de criação, se valorizada, daria a consistência ao jogo de cena. Mais que isso, havia entre nós um esforço de compor cada cena por si própria, sem nos deixarmos render por uma totalidade de espetáculo que, inevitavelmente, chegaria ao término dos ensaios. Criar cada cena como se nelas morasse o coração de nossa peça nos afastou do risco de instaurar uma linguagem-padrão e nos fez valorizar, de fato, a diferença das composições de cada trecho.

Chamo, então, de "dramatorgia" esse modo de criar junto e em companhia. Modo simultâneo e tramado de compor atuação, dramaturgia e ações sobre um palco. Dramatorgia como um princípio de confiança e autonomia, como um modo de possibilitar o fluxo dos desejos e das intuições criativas de cada participante. Dramatorgia como um modo de indissociabilidade entre corpos: do ator, da palavra e da encenação. Porque não havia gabarito, não havia certo ou errado, havia sempre uma intuição muito presente e responsiva que, articulada em coletivo, nos possibilitava reconhecer o ator como um regente das diferentes linhas que compunham a trama do acontecimento teatral. Dramatorgia, por fim, como "um regime de hierarquias móveis ou flutuantes" no qual cada criador, ciente de sua função artística, tem "espaço propositivo, produzindo uma obra cuja autoria é compartilhada por todos".[9]

Nesse sentido, o trabalho a partir da técnica "Viewpoints"[10] foi fundamental nesse processo e se tornou determinante, desde então, para o Inominável. A utilização do método em sala de ensaio diluiu a autoria das criações, ou seja, possibilitou a realização de composições mais múltiplas, mais coletivas e menos centradas no ponto de vista do diretor-dramaturgo. Com o trabalho a partir dos "pontos de vista" experimentamos a beleza e a complexidade de um trabalho criativo realizado junto. Praticando, nos preparamos mais e melhor para nos abrirmos e confrontarmos a imprevisibilidade e o risco de cada cena e de cada apresentação. Conforme escrito pelas diretoras norte-americanas Anne Bogart e Tina Landau em *The viewpoints book: A practical guide to viewpoints and composition*: "o Viewpoints é uma filosofia traduzida numa técnica para (1) treinar intérpretes; (2) construir coletivos; e (3) criar movimentos para o palco".[11]

Sucintamente, os pontos de vista são princípios do movimento subdivididos em categorias espaciais (Arquitetura, Forma, Gesto, Relação Espacial e Topografia) e temporais (Andamento, Duração, Repetição e Resposta Kinestética), capazes de estabelecer uma linguagem em comum para um

---

[9] ARAÚJO, Antonio. *A gênese da vertigem: O processo de criação de O paraíso perdido*. São Paulo: Perspectiva: Fapesp, 2011, p. 131.

[10] O meu encontro com a técnica se deu de maneira intensiva em dezembro de 2009, quando participei de uma oficina de Viewpoints e Suzuki, na sede da Cia. dos Atores, no Rio de Janeiro, com Donnie Mather, artista associado da SITI Company de 2000 a 2007.

[11] BOGART, Anne. *The viewpoints book: A practical guide to viewpoints and composition*. Nova York: Theatre Communications Group, 2005, p. 7. Tradução minha.

coletivo em trabalho. No caso de *Sinfonia*, demos bastante ênfase ao trabalho a partir da arquitetura e da relação espacial (dos atores entre si e deles em relação ao espaço) e, sobretudo, das durações e repetições de ações, gestos e falas.

Quando eu solicitava que os atores prestassem atenção nos aspectos arquitetônicos da cena que estavam criando, eles sabiam que tanto o chão no qual pisavam como a iluminação do espaço, bem como suas texturas e cores, afetavam a escrita da cena. Aos poucos, o ator passa a se ver como um traço em um quadro no qual outros traços também assumem posição junto a ele: jogo de composição. A atenção dele se dilata e ele se percebe, então, como agente num acontecimento plural. Nesse acontecimento, não há protagonismo, pois, ainda que exista apenas um ator em cena, junto a ele haverá o público, o espaço, a luz, as cores, o figurino e uma infinidade de ações trabalhando juntas. Trabalhar com "pontos de vista" nos fez reconhecer que cada um lê uma dada ação, cena ou gesto, a partir de sua experiência individual; nos fez confiar mais destemidamente no trabalho colaborativo e na emergência da diferença como marca do nosso trabalho em companhia.

Nesse processo de autoria partilhada e aguçada escuta, tornou-se impossível não ouvir a nossa cidade e a violência de sua realidade social. E a cidade do Rio de Janeiro, de fato, se instaurou em nosso processo de criação. Era quinta-feira, 7 de abril de 2011, quando, no bairro carioca de Realengo, um homem entrou armado na Escola Municipal Tasso da Silveira e cometeu o primeiro caso de massacre escolar no Brasil. No final das contas, mais do que a referência do romance, mais do que a filosofia estudada, a realidade carioca se tornou um ingrediente fundamental de *Sinfonia* por articular de maneira indissociável os ditos "temas" da criação: família, infância e violência. Afinal, era inescapável: qualquer menção que fizéssemos à violência de um massacre escolar remeteria nossos espectadores – e nós mesmos – ao massacre de Realengo. Foi nesse exato momento em que eu começava a compor o planejamento das cenas da dramaturgia e, especificamente, na quinta cena, me flagrei precisando de um motivo para que as crianças (Célia e Kevin), ao passarem uma tarde em casa, sem ir para a escola, pudessem ter um encontro mais direto com o drama da família vizinha. Essa quinta cena ganhou o nome "Massacre local". Nela, as duas crianças voltam para casa com os uniformes escolares sujos de sangue, logo após terem sobrevivido a um massacre ocorrido na escola em que estudavam. A cena escrita, sem tentar dramatizar a tragicidade do real, colocava as duas crianças – em falas simultâneas – narrando ao pai, que as recebeu em casa, recortes inúmeros de jornais que eu havia guardado nos dias seguintes ao do massacre de Realengo. Sobre a irrupção do real na cena teatral, a pesquisadora Sílvia Fernandes afirma:

> [...] a tentativa é de escapar do território específico da reprodução da realidade para tentar a anexação dela, ou melhor, ensaiar sua *presentação* sem mediações. É perceptível, nesse impulso de captura do real, o desejo dos criadores de levar o espectador a confrontar-se com as coisas em estado bruto [...][12]

De fato, pelo acontecimento do massacre em si e, sobretudo, pela cobertura jornalística e sensacionalista dele, o cidadão carioca, quando frente a *Sinfonia Sonho*, preenchia

---

[12] FERNANDES, Sílvia. *Teatralidades contemporâneas*. São Paulo: Perspectiva, 2013, pp. 85-6.

o espaço da cena com as imagens do real. A cena, então, se fraturava não na tentativa de representá-lo, mas, ao contrário, pela profusão de imagens que a situação dramática de um massacre escolar resgatava no imaginário do espectador. De acordo com Fernandes, como criadores, nós perguntávamos: "Se um homem foi capaz de entrar numa escola e matar crianças (algo que julgávamos impossível, intolerável), por que o nosso Kevin não poderia virar música, tal como desejava?" Ou seja: se a realidade tornava possível uma ação como a de um massacre, por que a criação não poderia possibilitar outros acontecimentos? Ao aproximar, dramaturgicamente, dramas em escalas muito diferentes (dramas familiares e um massacre escolar), buscávamos convidar o espectador a pensar dialeticamente: como uma família gera um homem capaz de matar crianças e como essa ação gera implicações no organismo familiar? Mais do que condenar o assassino, os escritos de Deleuze e Guattari nos permitiram reconhecer que a sua ação, a despeito dos valores morais de nossa sociedade, era também uma produção social. Para além de chamá-lo de "monstro", como tanto fizeram os jornais cariocas, a filosofia nos perguntou sobre que tipo de sociedade – criada por todos nós – fez com que esse tipo de acontecimento se tornasse possível. Mais que isso, diminuiu o nosso desejo de simplesmente reproduzir tal violência em cena e intensificou a busca por, no mínimo, denunciá-la.

Após estrear e circular com *Sinfonia* por vários festivais em várias cidades, percebemos: a denúncia que fazíamos em cena – da violência do massacre, como também da violência familiar – havia sido o ponto a que havíamos conseguido chegar. Nossa peça terminava com um trágico desfecho que colocava as crianças em um profundo desamparo, tal como seus pais já estavam. Anexar a violência de nossa cidade à cena destruiu a possibilidade de Kevin conseguir aquilo que ele mais desejava: interpretar o "espírito da música" na peça da escola. No entanto, a distopia do desfecho de *Sinfonia* foi minuciosamente composta com o objetivo de convidar o espectador a refletir sobre os temas colocados em cena. E, num dado momento do processo, este se tornou o nosso principal objetivo: fazer da criação artística um modo de travar um embate com a nossa própria realidade social. Em vez de um mero retrato da realidade, *Sinfonia* passou a ser um modo de operar o real ao denunciar a violência familiar e humana. De acordo com Jacques Rancière, de fato, "o real precisa ser ficcionado para ser pensado".[13]

Porém, de que forma? Por meio de quais operações? Cito um exemplo: num dos ensaios, os atores me apresentaram a composição de uma das cenas da dramaturgia. Na cena, tal como escrita, havia uma rubrica informando que, após uma tortuosa discussão, as personagens Corley (Andrêas Gatto) e Moira (Laura Nielsen) deveriam se beijar. A cena composta pelos atores, porém, quando terminou, apresentou Corley sufocando Moira e a fazendo desmaiar. Na composição dos atores, Corley dopava a esposa, Moira, apavorado com a sua repentina "gravidez psicológica", logo após a perda do filho Tomas. Quando vi a cena, na sala de ensaio, fiquei perplexo, afinal, o gesto desenhado pelos atores era extremamente oposto ao previsto na rubrica. Lembro-me de ter voltado para casa um tanto confuso, pois, ao mesmo tempo em que a ação dos atores era oposta àquela escrita

---

[13] RANCIÈRE, Jacques. *A partilha do sensível: Estética e política*. São Paulo: EXO experimental org.; Ed. 34, 2005, p. 58.

por mim, era também a afirmação de seus corpos, era a sua autoria, seu modo de conversar e responder ao material dramatúrgico. Isso foi acontecendo cada vez mais. A rubrica foi se revelando, através do trabalho do elenco, um convite e não uma imposição.

Num dado momento, em diálogo com Eleonora Fabião, minha orientadora de direção naquela montagem de formatura, compreendi que precisava estar presente em cena, sentado ao fundo, lendo as rubricas que eu havia escrito e anunciando ao espectador o encontro-embate entre rubrica textual e ação dos atores. Quando essas duas ações se manifestavam simultaneamente, fomos percebendo que – mais do que certo ou errado – elas convidavam o espectador a um esforço de percepção e interpretação. O desejo de provocar no espectador esse estranhamento foi se revelando como operação cênica da maior importância na montagem: investir em relações convergentes e divergentes entre os corpos dos atores e a voz do dramaturgo. Dessa maneira, conseguíamos expor os múltiplos desejos, a pluralidade de pontos de vista que compunham *Sinfonia* e, sobretudo, chamar o espectador para que, frente à cena, criasse a sua leitura dos acontecimentos encenados. Desistimos de fechar um sentido e investimos no convite ao jogo de interpretações e sentidos. Essa foi se tornando uma busca do Inominável: acabar com a autoridade da autoria, com a imposição de sentidos ao espectador para, em vez disso, convidá-lo à experiência de ler, interpretar e escrever a cena.

Outras operações cênicas e dramatúrgicas em *Sinfonia* são de extrema importância para distanciar o espectador da fábula apresentada e fazê-lo estranhar aquilo que, anteriormente, lhe parecia familiar. As crianças, por exemplo, são apresentadas pela dramaturgia de forma não infantilizada, elas se comunicam e argumentam de maneira sempre afiada e corrosiva, fazendo um uso intensivo de ironias. Após o massacre, quando são ajudadas pelo vizinho Corley e narram sobre o ocorrido, enquanto o adulto é tomado pelo horror, ambas as crianças respondem com assustadora frieza. É essa frieza – enquanto composição proposta pelos atores Adassa Martins e Márcio Machado – que convida o espectador ao riso, justamente numa situação em que ele foi acostumado a manifestar o luto. É a partir desses jogos de estranhamento que o público talvez passe a se questionar sobre os seus costumes e valores. É o que vai sugerir Anatol Rosenfeld ao analisar os recursos de distanciamento-estranhamento do teatro épico de Bertolt Brecht. Para ele, essas operações têm por intuito suscitar uma atitude crítica no público, que "[...] deve começar a estranhar aquilo que o hábito tornou-lhe familiar. As coisas que nos parecem muito familiares, e por isso naturais e imutáveis, devem ser distanciadas, tornadas estranhas. O que há muito não muda, parece imutável".[14]

É o caso, por exemplo, do momento final de *Sinfonia*. Após ser violentada pela vizinha Moira (Laura Nielsen), a menina Célia (Adassa Martins) é socorrida pelo irmão, Kevin (Márcio Machado). Na tentativa de se livrar da mulher, a criança tinha enfiado uma tesoura em seu próprio olho. Essa é a imagem final: Kevin comprimindo o tecido de sua longa capa preta sobre o buraco do olho recém-perfurado de Célia. A cena, no entanto, dura cerca de cinco minutos, o tempo exato da música criada pelo diretor musical Philippe Baptiste. Nos ensaios, nos perguntávamos o que era preciso

---

[14] ROSENFELD, Anatol. *Brecht e o teatro épico*. São Paulo: Perspectiva, 2012, p. 34.

provocar no espectador. Sabíamos que era o momento ápice do drama, porém, mesmo não querendo privar o espectador de sofrer a morte de uma personagem, queríamos algo mais dele: que ele saísse da peça sem sair do lugar, que percebesse estar de frente a uma criação artística antes mesmo de ela terminar. Assim, Célia agoniza no colo do irmão por cerca de cinco minutos. É uma longa duração, usada com o intuito de esgarçar o drama e devolver a atenção do espectador à concretude do artifício teatral. Em outras palavras, sublinha Rosenfeld, por meio das operações de estranhamento "[...] o público reconhecerá que as próprias condições são apenas relativas e, enquanto tais, fugazes e não 'enviadas por Deus', podendo, pois, ser modificadas".[15]

Certo dia, Deleuze e Guattari me destinaram um desafio: "O que você quer fazer com o desejo que te toma o corpo?" Eu desejava criar, mas sem modelos; desejava a surpresa do processo e o risco de me perder. Noutro instante, a realidade escreveu as ações e os gestos que eu vinha planejando encenar numa peça de teatro. Lá estou: rendido entre a vida e a criação, me perguntando onde e como elas conversam, por meio de quais intensidades. Desse dia não me esqueço: estava sentado numa cadeira ao lado de mais seis atores, cada qual em sua cadeira, e outro ator, de pé. Eu mirei o público, que nos mirava. Cruzei as pernas, respirei nervoso e destinei ao cidadão-público minha primeira fala: "Sinfonia Sonho". Ali, por repetidas e diferentes vezes, percebi como o jogo teatral é um modo de operar a vida corrente. Escrevo "operar" pensando numa mesa cirúrgica, num jogo de veias e válvulas, jogo de cortes e costuras, de

---

[15] Ibid., p. 35.

desentupimento da percepção e desfibrilar da nossa escuta, por vezes tão surda. *Sinfonia* me fez encontrar o encontro: não apenas o encontro entre artistas criadores, nem o encontro entre criação e mundo que a vê, mas sobretudo o encontro entre o ator e a escrita dramatúrgica que brota do cruzamento de inúmeras ações num palco.

Diogo Liberano

Este ensaio faz parte da dissertação de mestrado "Teatro (Inominável) – Modos de Criação, Relação e Produção" escrita por Diogo Liberano, sob a orientação de Eleonora Fabião, e defendida em março de 2017, no Programa de Pós-Graduação em Artes da Cena da Universidade Federal do Rio de Janeiro (PPGAC/UFRJ).

Dez anos de Teatro Inominável

O Teatro Inominável surgiu em 29 de dezembro de 2008, no Rio de Janeiro, por meio do encontro dos artistas Adassa Martins, Carolline Helena, Dan Marins, Diogo Liberano, Flávia Naves e Natássia Vello, mas só em 2011 se reconheceu como uma companhia teatral. Em sua trajetória, inicialmente, reuniu peças teatrais criadas na graduação de Artes Cênicas: Direção Teatral da Universidade Federal do Rio de Janeiro (UFRJ) e, na sequência, criações que surgiram após a formatura de Diogo Liberano, seu diretor artístico e de produção, na UFRJ. Desde o final de 2014 até o presente momento, a companhia se expandiu e atualmente é integrada por Andrêas Gatto, Clarissa Menezes, Diogo Liberano, Flávia Naves, Gunnar Borges, Laura Nielsen, Márcio Machado, Natássia Vello e Thaís Barros.

Em seu histórico de criação, além de três edições da mostra de artes da cena *Mostra Hífen de Pesquisa-Cena*, criou também os espetáculos e performances *Não dois* (2009), *Vazio é o que não falta, Miranda* (2010), *Como cavalgar um dragão* (2011), *Sinfonia Sonho* (2011), *Concreto armado* (2014), *O narrador* (2014), *poderosa vida não orgânica que escapa* (2016), *Nada brilha sem o sentido da participação* (2017), *dentro* (2019) e *YELLOW BASTARD* (2019). Em 2012, o Inominável foi indicado ao Prêmio Questão de Crítica, no Rio de Janeiro, pela direção de *Sinfonia Sonho* e pela realização da primeira edição da *Mostra Hífen*. No mesmo ano, recebeu três premiações no Festival Estudantil de Teatro (FETO) de Belo Horizonte com *Sinfonia Sonho*: paisagem sonora, corpo em cena e voz em cena. Em 2015, essa dramaturgia foi traduzida para o inglês e publicada na revista *Theater*, da Yale School of Drama (EUA). Também em 2015, o grupo foi indicado pela dramaturgia da performance *O narrador* aos prêmios Shell e Cesgranrio, também no Rio.

Além de inúmeras temporadas em cidades como Rio de Janeiro e São Paulo, o Inominável também se apresentou em festivais e mostras nacionais como Festival de Teatro de Curitiba (Curitiba/PR), Festival Palco Giratório (Porto Alegre/RS), TEMPO_FESTIVAL (Rio de Janeiro/RJ), Mostra Rumos Cultural – Itaú Cultural (São Paulo/SP), Festival Internacional de Teatro de São José do Rio Preto (São José do Rio Preto/SP), Festival Nacional de Teatro de Presidente Prudente (Presidente Prudente/SP), Trema! Festival (Recife/PE), Mostra BH in Solos (Belo Horizonte/MG), Festival Estudantil de Teatro de Belo Horizonte – FETO (Belo Horizonte/MG), Festival Internacional de Teatro Universitário de Blumenau – FITUB (Blumenau/SC), entre outros; e internacionais, como a Volumen. Escena editada, em Buenos Aires, na Argentina.

Nesses dez anos de trajetória, recebeu, em 2010, o patrocínio da Secretaria Municipal de Cultura (SMC) do Rio de Janeiro, por meio do Fundo de Apoio ao Teatro (FATE), para a criação de *Como cavalgar um dragão*; em 2015, o Prêmio Funarte de Internacionalização de Espetáculos Teatrais para a performance *O narrador*; e, em 2017, o Programa Banco do

Brasil de Patrocínio para a criação de *YELLOW BASTARD*. Com um grande histórico de realizações, fica evidente que a existência e a continuidade da companhia são possíveis graças a outros modos de produção que não apenas fomentos, prêmios ou patrocínios.

Tendo surgido numa universidade pública brasileira, tornou-se constituição da companhia o entrelaçamento entre pesquisa e criação. Os artistas do Inominável são artistas-pesquisadores. Articular pesquisa e criação, teoria e prática, para além de qualquer modismo, se manifesta no Inominável como uma operação dinâmica para valorizar as subjetividades em jogo e tramar relações estéticas e políticas incisivamente afetadas pela heterogeneidade dos pontos de vista em ação. Em seu fazer colaborativo e que, de fato, busca sempre implicar o posicionamento individual de cada criador, a companhia chegou à prática da arte da performance. Para o Inominável, a performance se tornou um modo privilegiado para energizar o fazer teatral em direção a desdobramentos outros que não apenas estéticos, mas sobretudo éticos e relacionais.

Se há alguma inominável contribuição ao fazer artístico contemporâneo, pode-se dizer que ela diga respeito à indissociabilidade entre pesquisa e criação e à costura entre criação e produção. Para além de artistas-pesquisadores, os integrantes do Inominável são também artistas-produtores. Foi preciso que a companhia aprendesse a produzir suas criações, porque todas elas sempre nasceram sustentadas unicamente pelo desejo. Há, entre os criadores do Inominável, um mesmo refrão chamado honestidade radical, que foi dado de presente à companhia pela professora, performer e teórica da performance Eleonora Fabião. Ser honestamente radical é afirmar desejos em sua radical inteireza, é confiar integralmente no outro e lançar em roda aquilo que se sente, tal como é sentido. Trabalhar em modo honestidade radical implicou descobrir, sempre de novo e renovadamente, como fazer para que as criações da companhia acontecessem sem a necessidade de um gabarito informando se os passos dados foram certos ou errados. O desejo de fazer e experimentar, de compor e compartilhar aquilo criado continua, sem dúvida, sendo a maquinaria que anima o Inominável e o movimenta adiante. Pois que assim seja pelas próximas décadas!

© Editora de Livros Cobogó, 2019

Editora-chefe
Isabel Diegues

Editora
Fernanda Paraguassu

Gerente de produção
Melina Bial

Revisão final
Eduardo Carneiro

Projeto gráfico de miolo e diagramação
Mari Taboada

Projeto gráfico de capa
Diogo Liberano

Montagem de capa
Mari Taboada

Foto de capa
Thaís Grechi

CIP-BRASIL. CATALOGAÇÃO-NA-FONTE
SINDICATO NACIONAL DOS EDITORES DE LIVROS, RJ

Liberano, Diogo
L665s   Sinfonia Sonho / Diogo Liberano.- 1. ed.- Rio de Janeiro: Cobogó, 2019.

(Dramaturgias)

ISBN 978-85-5591-083-8

1. Teatro brasileiro. I. Título. II. Série.

19-58239   CDD: 869.2
                                           CDU: 82-2(81)

Vanessa Mafra Xavier Salgado- Bibliotecária- CRB-7/6644

Nesta edição, foi respeitado o Acordo Ortográfico da Língua Portuguesa de 1990, que entrou em vigor no Brasil em 2009.

Todos os direitos em língua portuguesa reservados à
Editora de Livros Cobogó Ltda.
Rua Jardim Botânico, 635/406
Rio de Janeiro – RJ – 22470-050
www.cobogo.com.br

COLEÇÃO DRAMATURGIA

ALGUÉM ACABA DE MORRER LÁ FORA, de Jô Bilac

NINGUÉM FALOU QUE SERIA FÁCIL, de Felipe Rocha

TRABALHOS DE AMORES QUASE PERDIDOS, de Pedro Brício

NEM UM DIA SE PASSA SEM NOTÍCIAS SUAS, de Daniela Pereira de Carvalho

OS ESTONIANOS, de Julia Spadaccini

PONTO DE FUGA, de Rodrigo Nogueira

POR ELISE, de Grace Passô

MARCHA PARA ZENTURO, de Grace Passô

AMORES SURDOS, de Grace Passô

CONGRESSO INTERNACIONAL DO MEDO, de Grace Passô

IN ON IT | A PRIMEIRA VISTA, de Daniel MacIvor

INCÊNDIOS, de Wajdi Mouawad

CINE MONSTRO, de Daniel MacIvor

CONSELHO DE CLASSE, de Jô Bilac

CARA DE CAVALO, de Pedro Kosovski

GARRAS CURVAS E UM CANTO SEDUTOR, de Daniele Avila Small

OS MAMUTES, de Jô Bilac

INFÂNCIA, TIROS E PLUMAS, de Jô Bilac

NEM MESMO TODO O OCEANO, adaptação de Inez Viana do romance de Alcione Araújo

NÔMADES, de Marcio Abreu e Patrick Pessoa

CARANGUEJO OVERDRIVE, de Pedro Kosovski

BR-TRANS, de Silvero Pereira

KRUM, de Hanoch Levin

MARÉ/PROJETO bRASIL, de Marcio Abreu

AS PALAVRAS E AS COISAS, de Pedro Brício

MATA TEU PAI, de Grace Passô

ÃRRÃ, de Vinicius Calderoni

JANIS, de Diogo Liberano

NÃO NEM NADA, de Vinicius Calderoni

CHORUME, de Vinicius Calderoni

GUANABARA CANIBAL, de Pedro Kosovski

TOM NA FAZENDA, de Michel Marc Bouchard

OS ARQUEÓLOGOS, de Vinicius Calderoni

ESCUTA!, de Francisco Ohana

ROSE, de Cecilia Ripoll

O ENIGMA DO BOM DIA, de Olga Almeida

A ÚLTIMA PEÇA, de Inez Viana

BURAQUINHOS OU O VENTO É INIMIGO DO PICUMÃ,
de Jhonny Salaberg

PASSARINHO, de Ana Kutner

INSETOS, de Jô Bilac

A TROPA, de Gustavo Pinheiro

A GARAGEM, de Felipe Haiut

SILÊNCIO.DOC, de Marcelo Varzea

PRETO, de Grace Passô, Marcio Abreu e Nadja Naira

MARTA, ROSA E JOÃO, de Malu Galli

MATO CHEIO, de Carcaça de Poéticas Negras

YELLOW BASTARD, de Diogo Liberano

2019

1ª impressão

Este livro foi composto em Univers.
Impresso pela gráfica Stamppa
sobre papel Pólen Bold LD 70g/m².